In dieser Reihe sind
bisher erschienen:

Richtig Aerobic
Richtig Badminton
Richtig Basketball
Richtig Bergsteigen
Richtig Body-Styling
Richtig Carven
Richtig Fahrtensegeln
Richtig Fitness-Skating
Richtig Fußball
Richtig Golf
Richtig Golf länger und genauer
Richtig Golf rund ums Grün
Richtig Handball
Richtig Hanteltraining
Richtig Hochtouren
Richtig Inline-Skating
Richtig Jogging
Richtig Judo
Richtig Kanufahren
Richtig Karate
Richtig Marathon
Richtig Mountainbiken
Richtig Muskeltraining
Richtig Paragliding
Richtig Reiten
Richtig Rennradfahren
Richtig Schwimmen
Richtig Segeln
Richtig Skitouren
Richtig Snowboarding
Richtig Sporternährung
Richtig Sportklettern
Richtig Stretching
Richtig Taekwondo
Richtig Tai-Bo
Richtig Tanzen Lateinamerikanische Tänze
Richtig Tanzen Modetänze
Richtig Tanzen Standardtänze
Richtig Tauchen
Richtig Tennis
Richtig Tennistraining
Richtig Tischtennis
Richtlg Torwarttraining
Richtig Trainieren im Fitness-Studio
Richtig Triathlon
Richtig Volleyball
Richtig Walking
Richtig Yoga

BLV SPORTPRAXIS TOP

Ralf Fabig
Karl-Heinz Olinski
Martin Sklorz

Badminton

**Bibliographische Information
Der Deutschen Bibliothek**
Die Deutsche Bibliothek verzeichnet diese Publikation in der Deutschen Nationalbibliographie; detaillierte bibliographische Daten sind im Internet über http://dnb.ddb.de abrufbar.

BLV Verlagsgesellschaft mbH
München Wien Zürich
80797 München

BLV Sportpraxis Top

Sechste, neu bearbeitete Auflage (Neuausgabe)

© BLV Verlagsgesellschaft mbH, München 2003

Das Werk einschließlich aller seiner Teile ist urheberrechtlich geschützt. Jede Verwertung außerhalb der engen Grenzen des Urheberrechtsgesetzes ist ohne Zustimmung des Verlags unzulässig und strafbar. Das gilt insbesondere für Vervielfältigungen, Übersetzungen, Mikroverfilmungen und die Einspeicherung und Verarbeitung in elektronischen Systemen.

Lektorat: Maritta Kremmler
Layoutkonzeption: Parzhuber & Partner
Layout und DTP: Gaby Herbrecht, München
Herstellung: Rosemarie Schmid
Umschlaggestaltung: Joko Sander Werbeagentur, München
Umschlagfotos: Ulli Seer
Grafiken: Jörg Mair, nach Vorlagen von Barbara von Damnitz

Gedruckt auf chlorfrei gebleichtem Papier

Printed in Germany · ISBN 3-405-16503-2

Ralf Fabig (links), Jahrgang 1954, Oberstudienrat mit den Fächern Sport, Mathematik und Informatik. Passionierter, aktiver Badmintonspieler und Referent bei Lehrerfortbildungslehrgängen.

Karl-Heinz Olinski (Mitte), Jahrgang 1950, Oberstudienrat mit den Fächern Sport und Physik. Als langjähriger Leiter von Lehrerfortbildungslehrgängen machte er Badminton im Schulsport in Niedersachsen salonfähig. Wettkampfmäßig spielt er Badminton seit 1966 und ist zur Zeit 2. Vorsitzender des Niedersächsischen Badminton-Verbandes (NBV).

Martin Sklorz (rechts), Jahrgang 1939, war Leiter des Sportzentrums der TU Braunschweig. Er ist Autor von rund 20 Sportfachbüchern sowie vieler Fachbeiträge und hat in mehreren Gremien des nationalen und internationalen Sports mitgearbeitet.

Autoren und Verlag bedanken sich bei den Firmen Adidas und Dunlop für die Unterstützung bei der Bildausstattung.

Bildnachweis
Alle Fotos von Ulli Seer außer:
Adidas S. 19 u.; *W. Decker* S. 2, 8 (2), 10, 25, 28, 29, 35, 43, 46, 47, 57, 59, 62, 63, 69, 77, 84/85, 88, 94, 125; *Dunlop* S. 13 u., 16, 17, 19 o.

Hinweis
Das vorliegende Buch wurde sorgfältig erarbeitet. Dennoch erfolgen alle Angaben ohne Gewähr. Weder Autor noch Verlag können für eventuelle Nachteile oder Schäden, die aus den im Buch vorgestellten Übungen und Informationen resultieren, eine Haftung übernehmen.

Inhalt

VORWORT 9

Wer kann Badminton spielen? Jeder! 11

Wo kann Badminton gespielt werden? Überall! 11

Was kann beim Badminton trainiert werden? Alles! 12

Wie hoch ist die Verletzungsgefahr beim Badminton? Gering! 12

Wie viele Institutionen bieten Badminton an? Viele! 13

Ist Badminton teuer? Nein! 13

Ist Badminton mit Anleitung schneller zu erlernen? Ja! 14

Wann sollte Badminton gespielt werden? Immer! 14

AUSRÜSTUNG 15

Schläger 15
Schlägerrahmen 15
Schlägergriff 15
Besaitung 15
Schläger für Anfänger 16
Schläger für Fortgeschrittene 16
Schläger für Könner 16

Bälle 17
Kunststoffball 17
Naturfederball 17

Spielfeld 18
Netz 18

Bekleidung 19
Sporthose 19
Sportsocken 19
Sportschuhe 19
Trainingsanzug 19
Trikot 19

TECHNIK 20

Schlägerhaltungen 20
Universalgriff 20

Grundstellung 23
Ausgangsposition Einzel 24

Aufschlagtechniken 26
Hoher Aufschlag 26
Kurzer Aufschlag 30
Kurzer Aufschlag mit der RH 31
Flach-weiter Aufschlag 32
Swip 33

Technik der Schlagarten 34
VH-Überkopfclear (Befreiungsschlag) 34
Umsprung 38
Clear »Links vom Kopf« 40
VH-Überhandclear (Befreiungsschlag) 42
RH-Überhandclear (Befreiungsschlag) 44
Smash (Schmetterschlag) 48

Inhalt

Drop (Stoppschlag)	52
Drive (Treibschlag)	55
VH-Unterhandclear (Befreiungsschlag)	58
RH-Unterhandclear (Befreiungsschlag)	62
Schläge beim »Spiel am Netz«	64
»Heben« (VH und RH)	65
»Stechen« (VH und RH)	65
»Schneiden« (VH und RH)	66
»Wischen« (VH und RH)	67
»Töten« (VH und RH)	68

Schlagvarianten — 72
Angriffsclear — 72
Drop mit Seitenschnitt — 74
»Gewischter Drop« — 76
Schläge mit Unter-/Oberschnitt — 78

TAKTIK — 82
Allgemeine Bemerkungen — 82

Äußere Bedingungen — 82
Spielgeräte — 82
Spielstätte — 82
Zuschauer — 83
Schiedsrichter — 83
Anreise — 83

Grundsätze der Spieltaktik — 85
Taktische Grundregeln — 85

Taktik des Einzelspiels — 86
Spieleröffnung — 86
Grundsätze des Einzelspiels — 87

Taktik des Doppelspiels — 89
Doppeltaktik für Freizeitsportler — 90
Doppeltaktik für Leistungssportler — 92
Taktik des Damendoppels — 94
Taktik des gemischten Doppels — 95

Inhalt 7

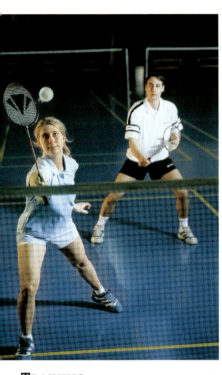

Gymnastik/Stretching	**108**
Gymnastik	108
Stretching	108
Kondition	108
Circuit-Training	111

Wettkampf — 112

Turniersysteme für das Einzel und Doppel	**112**
Einfaches K.-o.-System	112
Doppeltes K.-o.-System	112
Turniersysteme für Mannschaften	**114**
Schulwettkämpfe	114
Internationale Vergleiche	114

Theorie — 115

Vorbemerkungen	**115**
Reichweite	**115**
Treffpunktbereiche	**116**
Flugbahnen des Balles	**117**
Hoch-weite Flugbahnen (clear)	117
Flache Flugbahnen (drive)	117
Kurze Flugbahnen (drop)	117
Steile Flugbahnen (smash)	118
Geschwindigkeit des Balles	**118**
Anfangsgeschwindigkeit	118
Luftwiderstand	118
Reaktionszeit	**119**
Antizipation	**119**
Die Grundlagen für Antizipation	120

Training — 97

Allgemeine Grundsätze	**97**
Periodisierung des Trainings	**98**
Trainingsbelastung	**99**
Trainingsgestaltung	**100**
Verlauf der Trainingseinheit	100
Anfänger-Training	**101**
Übungen ohne Spielfeld	101
Übungen auf dem Spielfeld	102
Trainingsformen	**102**
Spiel 1:1	103

Inhalt

REGELKUNDE — 123

Spielfeld — 123
Pfosten und Netz — 123
Federball — 123
Spielbeginn — 124
Zählweise — 124
Einzelspiel — 125
Doppelspiel — 126
Setzen — 126
Fehler — 127
Wiederholung — 127
Allgemeines — 127

BEWEGUNGSLEHRE — 121

Grundsätze der Bewegungslehre — 121

Wie kommt es zu einer Spieltätigkeit? — 121

Wie kommt es zu einer Bewegung? — 121

Wie kommt es zur Kontrolle einer Bewegung? — 122

Wie kommt es zu einer Bewegungsberichtigung? — 122

Wie kann man eine Bewegung erlernen? — 122

Vorwort

Badmintonspielen – darunter versteht man die leistungsorientierte Ausübung dieser Rückschlagsportart in einem Verein. 230 000 Spieler in 2600 Vereinen zählt der Deutsche Badminton-Verband. Mit viel Idealismus und großer Zielstrebigkeit hat sich dieser junge Verband (erst 1953 gegründet) auf einen Mittelplatz in der Rangliste der rund 60 Sportverbände im Deutschen Sportbund emporgearbeitet.

Federballspielen – darunter versteht man die freizeitorientierte Form dieses Spiels ohne Vereinsbindung. Rund 10 Millionen Menschen in der Bundesrepublik Deutschland betreiben dieses unkomplizierte und freudvolle Spiel. Damit gehören Badminton oder Federball zu den populärsten Sportarten überhaupt. Und das Interesse für dieses Spiel steigt. Untersuchungen weisen eindeutig auf Zuwachsraten hin. Einführungsschwierigkeiten sind endgültig überwunden, verbesserte Materialien sind auf dem Markt und erleichtern den Lernvorgang.

Erfreulich stimmt vor allem die Tatsache, dass diese beliebte Sportart im Schulsport voll verankert ist. So können Kinder und Jugendliche schon frühzeitig und systematisch in das Spiel eingeführt werden.

Hinzu kommt eine positive Entwicklung der letzten Jahre: Immer mehr Sportzentren, Hotel- und Freizeitanlagen haben feste Badminton-Felder installiert, so dass – wie beim Tennis und Squash – eine Nutzung bzw. Anmietung jederzeit möglich ist.

Dieses Buch soll helfen, allen Interessenten das schnelle und sichere Erlernen des Spiels zu erleichtern. Sehr viele haben diese Sportart leider aufgrund von anfänglichen Misserfolgen aufgegeben.

Das Buch ist so aufgebaut, dass es sowohl in der Hand eines freizeitorientierten Hobbyspielers als auch in der eines »Experten« problemlos als Leitfaden dienen kann. Besonderen Wert haben wir auf eine klare und verständliche Darstellung von Theorie, Technik, Taktik und Training gelegt.

Die Trainer im Verein, die Sportlehrer in der Schule, die Leiter von Freizeitgruppen in Betrieben, Kindergärten und Altersheimen, Urlaubs- und Fitnessgruppen haben hiermit eine verständliche methodisch-didaktische Anleitung.

Wir wünschen allen Interessenten beim Lernen und vor allem beim Spielen viel Spaß.

Ralf Fabig
Karl-Heinz Olinski
Martin Sklorz

Sehr populär beim Badminton: Doppelspiel

Einführung

Wer kann Badminton spielen? Jeder!

Nur wenige Sportarten können für sich in Anspruch nehmen, für alle Sportinteressierten geschaffen zu sein. Badminton können tatsächlich alle spielen: Kinder, Jugendliche, Erwachsene, Behinderte, Damen und Herren, Leistungssport- und Freizeitsportorientierte. Hinzu kommt, dass Badminton sehr schnell zu erlernen ist. Bereits nach zwei Stunden kann jeder ein Match austragen. Durch einen guten Trainer sind die Techniken und Taktiken schnell zu vermitteln.

Deshalb: Fangen Sie an!

Wo kann Badminton gespielt werden? Überall!

Der Vorteil liegt natürlich erst einmal darin, dass es drinnen und draußen gespielt werden kann. Vor allem im Freien gibt es überall Möglichkeiten dafür. Ein weiterer Vorteil liegt in der geringen Platzgröße. Auf einer Fläche von 5 x 10 m ist Badminton freizeitorientiert gut durchführbar.

Tipp:
Egal, ob Sie in den Urlaub, zum Strand, zum Picknick, zu Bekannten oder Verwandten fahren: Badminton-Ausrüstung immer mitnehmen.

Was kann beim Badminton trainiert werden? Alles!

Physische Fähigkeiten
- Ausdauer
- Schnelligkeit
- Kraft
- Beweglichkeit
- Koordination

Psychische Fähigkeiten
- Konzentration
- Denken, Handeln
- Selbstüberwindung
- Kritikfähigkeit

Aber auch
- Geselligkeit
- Fair play

Wie hoch ist die Verletzungsgefahr beim Badminton? Gering!

Beim Badminton treten relativ wenig Verletzungen auf. Deshalb ist die Sportart auch besonders für Behinderte und Ältere geeignet.

Tipp:
Trotzdem sollten sich sowohl Freizeitspieler als auch Leistungssportler vor dem Spiel gezielt einige Minuten »aufwärmen«.

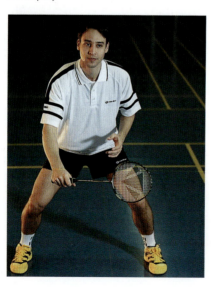

Wichtig:
Beim »Einschlagen« unbedingt »soft« beginnen. Erst einmal »Ballgefühl« bekommen. Wildes »Draufhauen« bringt nichts.

Einführung

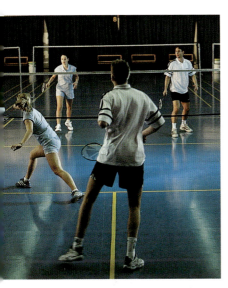

Ist Badminton teuer? Nein!

Auch hier ein großer Vorteil: Eine gute Freizeitsport-Ausrüstung kostet:
- 1 Schläger ca. 40,– €
- 6 Bälle (Kunststoff) ca. 10,– €
- 1 Netz ca. 40,– €

Vereinsbeitrag:
- Erwachsene 8,– bis 15,– €
- Jugendliche, Schüler 5,– bis 10,– €

Die Mietkosten für ein Badmintonfeld in einem Sportcenter liegen zwischen 5,– und 15,– € für 45 Minuten (je nach Tageszeit).

Wie viele Institutionen bieten Badminton an? Viele!

Da das Interesse gestiegen ist und die Werte des Badmintonspiels erkannt worden sind, bieten es folgende Institutionen an:
- Sportvereine
- Schulen, Hochschulen
- Betriebe
- Freizeiteinrichtungen
- Kindergärten und Altersheime
- Urlaubsveranstalter
- Sportcenter

> **Tipp:**
> Gehen Sie doch einmal zu einem Badminton-Verein; die haben auch Übungsstunden für Freizeitsportler.

Einführung

Wann sollte Badminton gespielt werden? Immer!

Badminton ist nicht saisonabhängig. Nutzen Sie diesen enormen Vorteil.

Tipp:
Egal, wo Sie Badminton auch ausüben, Sie sollten dies regelmäßig tun. Ideal ist das tägliche Training.

Dazu einige Vorschläge:
- Nach 15 Minuten Trainingszeit eine kurze Pause einlegen
- Partner wechseln
- Mit viel Dynamik spielen (Beinarbeit)
- Fehler schnell analysieren – auf keinen Fall ärgern

Ist Badminton mit Anleitung schneller zu erlernen? Ja!

Gegenseitige Hilfe und Korrekturen beschleunigen den Lernvorgang erheblich. Noch besser ist ein ausgebildeter Trainer im Verein bzw. Lehrer in der Schule.

Wichtig:
Jede Information und jeder kleine Tipp helfen dem Partner. Loben Sie ihn – tadeln Sie ihn auf keinen Fall.

Sie lernen auch umso schneller, wenn Sie die theoretischen Grundkenntnisse beherrschen (siehe Kapitel »Theorie«). Deshalb: Ein Badminton-Buch zur Anleitung hilft immer.

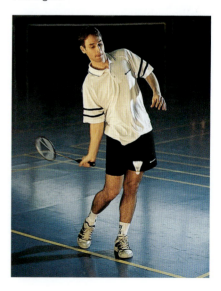

Ausrüstung

Schläger

Das Angebot an Badmintonschlägern ist in den letzten Jahren stark angestiegen. Unterschiedliche Arten sind im Handel erhältlich, bei denen wichtige Merkmale beachtet werden sollten.

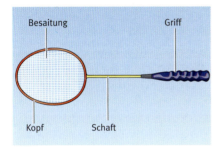

Schlägerrahmen

Für die Rahmen werden verschiedene Materialien verwendet:
- Leichtmetall und Stahl
- Carbon-Graphit

Auch Kombinationen dieser Materialien sind möglich.

> **Tipp:**
> Das Gewicht des Rahmens sollte etwa zwischen 90 g und 120 g liegen. Schwerere Schläger als angegeben behindern ein schnelles Spiel, leichtere besitzen oft eine verkürzte Haltbarkeitsdauer.

Schlägergriff

Er besteht aus einem griffgünstig geformten Holzstück. Im Allgemeinen werden drei Griffstärken angeboten, jedoch je nach Hersteller mit unterschiedlichen Maßangaben.

Wichtig:
Der Schlägergriff sollte mit einem rutschfesten **Griffband** umwickelt sein.

Besaitung

Grundsätzlich kann der Rahmen mit **Kunstsaiten** oder **Darmsaiten** bespannt werden. Bei preisgünstigen Schlägern ist schon vom Hersteller für eine Bespannung gesorgt. Diese besteht fast ausschließlich aus Kunstsaiten.

> **Tipps zum Kauf von Badmintonschlägern:**
> - Kaufen Sie nicht den billigsten Schläger. Ihre Freude daran könnte bald getrübt werden.
> - Lassen Sie sich vorher von erfahrenen Spielern oder Fachleuten beraten.
> - Lassen Sie Ihren Schläger erst beim Kauf vom Händler besaiten.
> - Gute Schläger sind schon etwa zwischen 30,– und 50,– € einschließlich Besaitung mit einer Kunstsaite erhältlich. Darmsaiten erhöhen den Preis etwas.

Ausrüstung

Badmintonschläger gibt es in jeder Preisklasse und für jede Leistungsstufe.

Schläger für Anfänger

Wählen Sie einen Schläger der mittleren Preisklasse mit einer Kunstsaite der unteren Preisklasse. Haben Sie genügend eigene Erfahrungen gesammelt, können Sie **Ihren** Schläger auswählen.

Schläger für Fortgeschrittene

Individuell besaitete Schläger verbessern Ihr Spiel. Angriffsspieler benutzen hart besaitete Badmintonschläger. Gefühlvolles Spiel ist eher mit einem normal bis weich besaiteten Schläger möglich.

Schläger für Könner

Der Könner wird ausschließlich Hightech-Saiten vorziehen. Sie verschleißen zwar etwas schneller als Kunstsaiten, bieten jedoch die besten Eigenschaften für das Spiel mit dem Federball.

Tipps zur Pflege:
- Zum Schutz der Saite beim Transport ist eine Schlägerhülle empfehlenswert.
- Schläger und Besaitung auf keinen Fall hohen Temperaturen aussetzen.
- Gerissene Saiten können ausgebessert werden. Nicht sofort vollständig neu besaiten.
- Ein zu glattes Griffband kann durch Aufrauen mit einer feinen Drahtbürste oder durch Verwendung von Griffpuder rutschfester gemacht werden.
- Darmsaiten vor Feuchtigkeit schützen.

Bälle

Bälle

Die Maße und das Gewicht eines Badmintonballes sind im Regelwerk festgelegt. Unterschiede bestehen im Material und in den Flugeigenschaften.

Kunststoffball

Er ist in seinen Flugeigenschaften dem Naturfederball nachempfunden. Sein Vorteil liegl in der größeren Haltbarkeit und dem (noch) günstigeren Preis. Da die Ballgeschwindigkeit vom Spieler nicht beeinflusst werden kann, stellen die meisten Hersteller Bälle mit unterschiedlichen Geschwindigkeiten her: **langsam – mittel – schnell.**

Grundsatz

Warme oder hohe Halle = mittlerer Ball, kalte oder flache Halle = langsamer Ball.

Naturfederball

Hervorragende Flugeigenschaften besitzt der Naturfederball. Er besteht aus 16 speziell geschnittenen Federn, die in einem lederüberzogenen Kork befestigt sind. Trotz des größeren Verschleißes werden gute Spieler ihn nicht missen wollen.

Geschwindigkeitsprüfung

Ein geübter Spieler prüft die Geschwindigkeit eines Balles, indem er ihn mit einem vollen Unterhandschlag von der Grundlinie über das Netz schlägt. **Der Ball muss 53 bis 99 cm vor der Grundlinie auftreffen.**

Breitensportler = Kunststoffbälle

Leistungssportler = Naturfederbälle

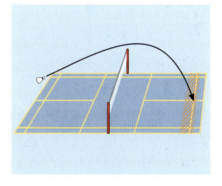

> **Tipp:**
> Die Geschwindigkeit eines Federballes kann verändert werden. Ist der Ball nach dem Probeschlag
> • zu schnell: mit Daumen und Zeigefinger die Spitzen der Federn gleichmäßig nach außen knicken,
> • zu langsam: jede zweite oder alle Spitzen der Federn nach innen knicken.

Ausrüstung

Allgemeine Hinweise

- Für den Anfänger- und den Freizeitbereich hat sich der Kunststoffball bewährt.
- Bewahren Sie die Bälle nur stehend in den mitgelieferten Pappdosen auf.
- Achten Sie auf die richtige Ballgeschwindigkeit.
- Spielen Sie nur mit Bällen, die einen stabilen Flug gewährleisten (kein »Taumeln«).
- Federbälle können trocken oder brüchig werden. Vorsichtiges, kurzes Dämpfen über Wasserdampf – einige Stunden vor Gebrauch – verbessert die Haltbarkeit.

Spielfeld

Die Maße eines Spielfeldes können aus der Grafik entnommen werden. Alle Linien sind 4 cm breit und gehören stets zum entsprechenden, begrenzten Feld.

Netz

Die Netzhöhe beträgt an den Seitenlinien des Spielfeldes 1,55 m, in der Mitte 1,524 m. Die Oberkante des Netzes sollte mit einer weißen Lasche eingefasst sein. In den Maschen sollte der Ball nicht hängen bleiben können.

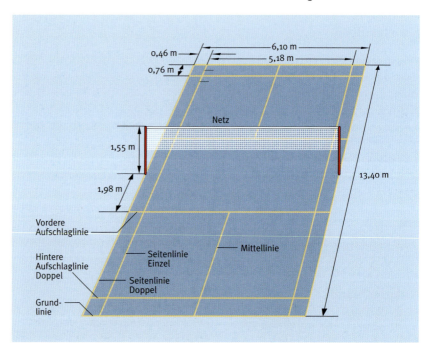

Bekleidung

Selbstverständlich sollten Sie, wie bei jeder anderen Sportart, sportgerechte Kleidung tragen.
Im Wettkampfsport wird einheitliche Kleidung der Mannschaft bzw. der Doppelpartner zwingend gefordert. Beim Freizeitsport ist unbedingt auf gute Sportschuhe zu achten.

Sporthose

Auf genügend Bewegungsfreiheit achten.

Sportsocken

Sie sollten schweißaufsaugend und strapazierfähig sein. Achten Sie auf einen verstärkten Sohlenteil.

Sportschuhe

Sie sollten leicht sein, eine biegsame und rutschfeste Sohle aufweisen. Achten sie auf eine gute Fersenpolsterung.

Spezielle Badmintonschuhe haben im Zehenbereich einen Lederbesatz. Er verhindert ein Durchscheuern des Obermaterials.

Trainingsanzug

Grundausstattung für jeden Sportler. Erst dann ablegen, wenn Sie beginnen, leicht zu schwitzen.

Trikot

Achten Sie auf schweißaufsaugendes Material und bequemen Sitz.

Technik

Schlägerhaltungen

Eine zweckmäßige Schlägerhaltung ist die Grundlage für einen schnellen Lernerfolg und die **richtige** Schlagausführung. Es ist sinnvoll, die Schlagfläche als Verlängerung der Handfläche anzusehen. Gleichermaßen gute Ausführung von Vorhand(VH)- und Rückhand(RH)schlägen gestattet nachstehende Schlägerhaltung.

Universalgriff

➤ Schläger mit der linken Hand am Schaft fassen, so dass die Besaitung senkrecht auf den Boden zeigt; der Griff ist zum Körper gerichtet.
➤ Mit der rechten Hand auf den Griff fassen.
➤ Daumen und Zeigefinger liegen einander gegenüber.
➤ Kleiner Finger, Ringfinger und Mittelfinger befinden sich dicht nebeneinander, der Zeigefinger ist leicht abgespreizt.
➤ Griffende liegt auf dem Handballen auf.

Wichtig:
Benutzen Sie zunächst nur den Universalgriff. Veränderte Schlägerhaltung führt beim Anfänger leicht zu ungenauen Schlägen.

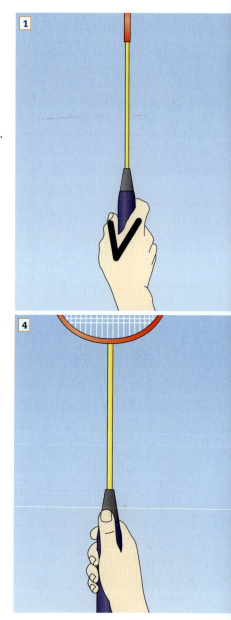

Schlägerhaltungen

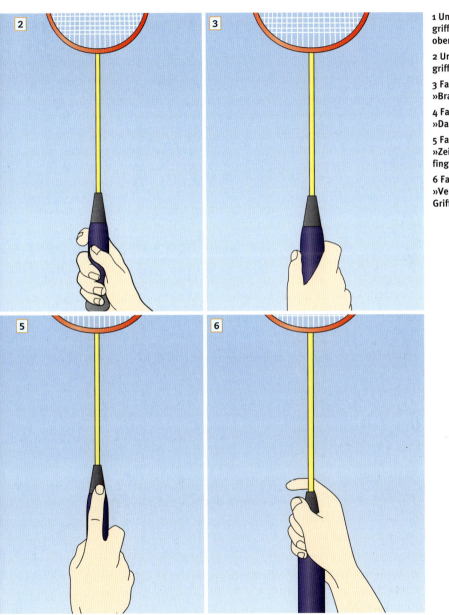

1 Universalgriff von oben

2 Universalgriff seitlich

3 Falsch: »Bratpfanne«

4 Falsch: »Daumen«

5 Falsch: »Zeigefinger«

6 Falsch: »Verkürzter Griff«

Technik

1 Universalgriff (Stellung: »6«)

2 VH-Griff (Stellung: »5 vor 5«) für VH-Schläge

3 RH-Griff (Stellung: »5 nach 7«) für RH-Schläge

4 Rush-Griff (Stellung: »10 vor 4«) für Schläge am Netz

Allgemeine Hinweise

➤ Der Schläger liegt locker in der Hand.
➤ Erst kurz vor dem Treffen des Balles ist ein fester Griff notwendig.
➤ Bei Anfängern schleichen sich häufig andere Schlägerhaltungen ein. Lassen Sie sich nicht beirren, der größere Erfolg wird es Ihnen beweisen.
➤ Auf mögliche (nicht notwendige) veränderte Schlägerhaltungen wird im Folgenden hingewiesen.
➤ Ausgangshaltung für veränderte Griffarten ist der **Universalgriff**.

Tipp:
Gewöhnen Sie sich an den Griff, indem Sie den Schläger in der Hand drehen und blind den Universalgriff erfühlen.

Weitere Griffarten unterscheiden sich durch die Stellung des Schlägerkopfes zur Handfläche der Schlaghand. Die veränderte Stellung lässt sich leicht so beschreiben, wie im Text zu den Grafiken angegeben.

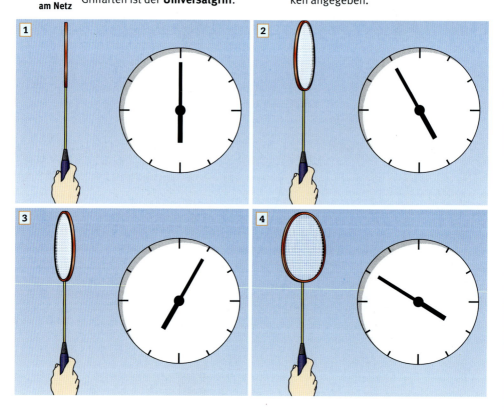

Grundstellung 23

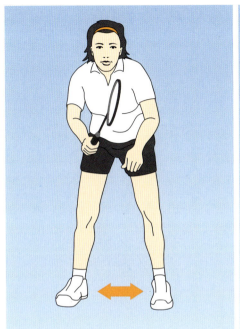 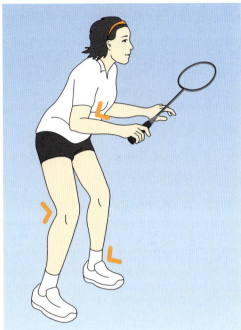

Grundstellung frontal und seitlich

Grundstellung

Der Körper befindet sich in einer Bereitschaftshaltung, die es gleichermaßen erlaubt, sich **nach allen Richtungen sofort** zu bewegen.

➤ Fuß-, Knie- und Hüftgelenke sind leicht gebeugt. Die Füße stehen etwa schulterbreit auseinander, in paralleler oder leichter Schrittstellung.
➤ Das Körpergewicht ist gleichmäßig auf beide Fußballen verlagert.
➤ Beide Arme sind im Ellenbogen etwa 90° gebeugt. Die Unterarme deuten nach vorn und die Oberarme sind leicht seitlich vom Körper weggestreckt.
➤ Der Ellenbogen des Schlagarmes befindet sich vor dem Körper, um Bewegungsfreiheit zu erhalten.
➤ Der Schlägerkopf wird etwa in Brusthöhe gehalten.
➤ Der Blick ist nach vorn und zum Ball gerichtet.
➤ Der Körper ist zur Aktion bereit.

Tipp:
Die Grundstellung sollte stets eingenommen werden:
• sofort nach einem selbst ausgeführten Aufschlag,
• bei einem zu erwartenden, gegnerischen Angriff.

Ausgangsposition Einzel

Da nicht vorhergesehen werden kann, zu welchem Punkt des Spielfeldes der Ball fliegen wird, sollte jeder bestrebt sein, die günstigste Position »0« im Feld einzunehmen. Nur von dort sind alle Punkte des Spielfeldes durch **kurze Laufwege** zu erreichen.
Spielfeldmitte »0« ist auf der Mittellinie, etwa einen Meter von der vorderen Aufschlaglinie entfernt.

Wichtig:
Merken Sie sich die gekennzeichneten Punkte (0–8) auf dem Spielfeld. Es ist sehr hilfreich zum Erlernen der Schlagarten und ebenso für spezielle Trainingsformen, wenn Sie genau angeben, wohin das Zuspiel durch den Partner erfolgen soll.

Tipp:
Sofort nach dem Schlag Grundstellung in Position »0« einnehmen. Sie sollte bereits vor dem gegnerischen Schlag erreicht sein. Ist die Spielfeldmitte nicht rechtzeitig erreichbar, sollten Sie vor dem Schlag des Gegners versuchen, den Lauf abzustoppen. Der Gegner kann Sie sonst leicht auf dem »falschen Fuß« erwischen.

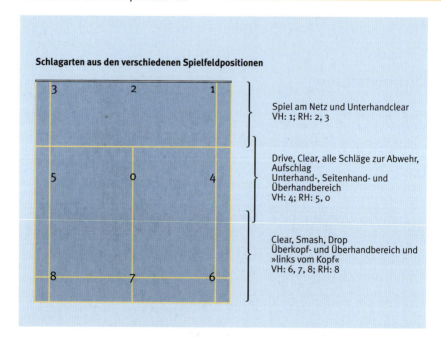

Schlagarten aus den verschiedenen Spielfeldpositionen

Spiel am Netz und Unterhandclear
VH: 1; RH: 2, 3

Drive, Clear, alle Schläge zur Abwehr, Aufschlag
Unterhand-, Seitenhand- und Überhandbereich
VH: 4; RH: 5, 0

Clear, Smash, Drop
Überkopf- und Überhandbereich und »links vom Kopf«
VH: 6, 7, 8; RH: 8

Grundstellung

Rassige
Einzelszene

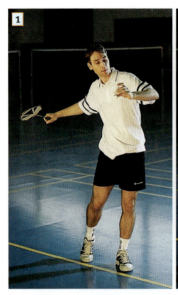 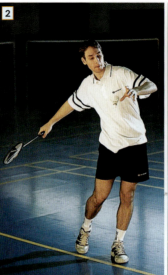 

Hoher Aufschlag:
1 Ausgangsstellung
2 Ball fallen lassen
3 Schlagbewegung

Aufschlagtechniken

Wichtig:
Alle Bewegungsbeschreibungen gelten für Rechtshänder.

Bedingt durch die Badminton-Regeln (Aufschlagregeln) ergeben sich folgende Aufschlagarten (siehe Grafik rechts):
➤ Hoher Aufschlag (1)
➤ Kurzer Aufschlag (2)
➤ Flach-weiter Aufschlag (3)
➤ Swip-Aufschlag (4)

Hoher Aufschlag

Ausgangsstellung
Leichte Schrittstellung nahe der Mittellinie, der linke Fuß ist in Schlagrichtung vorgesetzt. Das Körpergewicht ist auf den rechten Fuß verlagert. Die linke Hand hält den Ball mit dem Fuß nach unten in Brusthöhe vor dem Körper.

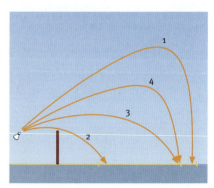

Ausholbewegung
Der Schläger wird nach hinten oben geführt, das Handgelenk zum Handrücken

Aufschlagtechniken

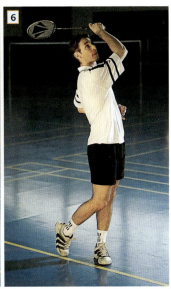

hin gebeugt. Der Ellenbogen des Schlagarmes bleibt leicht gebeugt.

Schlagbewegung
Der Schlagarm beschleunigt in einer Schleifenbewegung nach unten vorn. Das Ellenbogengelenk wird gestreckt.
Gleichzeitig wird die rechte Hüfte nach vorn gebracht, das Körpergewicht vom rechten auf den linken Fuß verlagert.
Fallenlassen des Balles und Beschleunigung des Schlägers durch Einwärtsdrehung des Unterarmes und Beugung des Handgelenks zur Handfläche.
Treffpunkt des Balles vor dem Körper und unterhalb der Hüfte.

Ausschwung
Die Schlagbewegung wird nicht abrupt unterbrochen, sondern dem Ball folgend, mit einem Ausschwung in Richtung linker Schulter beendet.
Der linke Arm wird dabei am Körper nach hinten geführt.

4 Balltreffpunkt
5 + 6 Ausschwungphase

Merke:
Beide Füße müssen während des Aufschlags den Boden berühren (siehe Regelkunde).

Wichtig:
Nutzen Sie die Hallenhöhe aus, damit der Ball senkrecht von oben auf die Grundlinie fallen kann.
Der günstigste Zielbereich für den hohen Aufschlag liegt nahe der Mittellinie.

28 Technik

Konzentration vor dem Aufschlag

- Grundlinie kann mit dem hohen Aufschlag noch nicht erreicht werden:
➤ Schwungvoll schlagen. Verstärkte Unterarmdrehung und Handgelenkeinsatz.

Tipp:
Der hohe Aufschlag wird hauptsächlich im Einzel angewendet. Steht der Gegner zur Aufschlagannahme bereits weit hinten im Feld, überraschen Sie ihn mit einem kurzen Aufschlag.

Übungsformen
➤ Mit dem hohen Aufschlag den Ball mindestens 3 bis 4 m hoch gegen eine Wand spielen, Abstand zur Wand ebenfalls 3 bis 4 m.
➤ Wie oben, den abtropfenden Ball mit dem Schläger auffangen.
➤ Verschiedene Ziele (Handtuch, Eimer oder gar Balldose) nahe der Grundlinie treffen.

Fehler – Fehlerkorrektur
- Aufschlag zu kurz bzw. zu weit:
➤ Aufschlagposition im Aufschlagfeld nach vorn bzw. nach hinten verlegen.
- Gegner kann den Ball schon weit vor der Grundlinie annehmen:
➤ Flugbahn zu flach oder zu kurz.

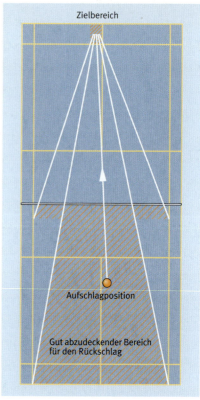

Aufschlagtechniken

Perfektion bei der Aufschlagdurchführung

Technik

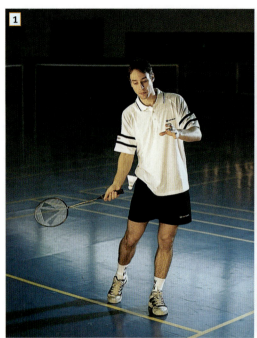

1 Ausholen
2 Treffen
3 Ausschwingen

Kurzer Aufschlag

Ausgangsstellung und Ausholbewegung entsprechen etwa denen des hohen Aufschlags.

Schlagbewegung
Kleinere Schleifenbewegung mit dem Schläger. Ellenbogengelenk bleibt leicht gebeugt, kein oder nur geringer Handgelenkeinsatz. Vorbringen der rechten Hüfte und Gewichtsverlagerung auf den linken Fuß.
Treffpunkt des Balles befindet sich fast hüfthoch vor der rechten Körperseite des Spielers. Dabei muss der Schlägerkopf unterhalb der schlägerführenden Hand sein.

Ausschwung
Schläger wird weitergeführt, bis er sich etwa in Brusthöhe befindet.

Wichtig:
Zielbereich ist die vordere Aufschlaglinie. Der höchste Punkt der Flugkurve sollte in der eigenen Spielfeldhälfte liegen (siehe Grafik S. 31).

Übungsformen
➤ Kurzer Aufschlag auf die vordere Aufschlaglinie zwischen Netz und darüber

Aufschlagtechniken 31

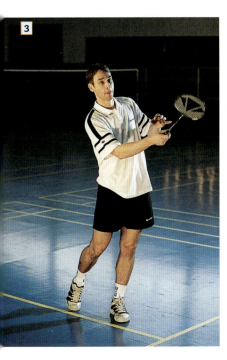

Fehler – Fehlerkorrektur
• Ball kann vom Gegner oberhalb der Netzkante nach unten geschlagen werden:
➤ Geringerer Handgelenkeinsatz.
• Aufschlag zu kurz:
➤ Ball länger »schieben« oder Aufschlagposition korrigieren.

Wichtig:
➤ Der kurze Aufschlag wird hauptsächlich in den Doppeldisziplinen ausgeführt.
➤ Zielbereich: nahe der Mittellinie oder nahe der Seitenlinie.
➤ Im Einzel gegen angriffsstarke Spieler auch kurz aufschlagen.

Kurzer Aufschlag mit der RH

Immer häufiger ist bei Spitzenspielern, zumeist in den Doppeldisziplinen, der kurze Aufschlag mit der Rückhand zu beobachten. Die Vorteile gegenüber dem VH-Aufschlag bestehen darin, dass
➤ (fast) keine Ausholphase vorhanden ist,
➤ während des Aufschlags der Gegner beobachtet werden kann,
➤ die Annahme für den Gegner erschwert ist, da optimale Nutzung der Höhe des Treffpunktes möglich ist,
➤ das Überraschungsmoment bei Varianten größer ist und
➤ bessere Schnittmöglichkeiten bestehen.

gespannter Leine hindurch (ca. 30 cm höher als das Netz).
➤ Kurzer Aufschlag und der Partner versucht, den Ball oberhalb der Netzkante anzunehmen.

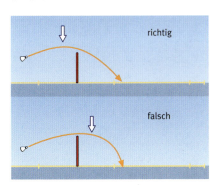

Technik

Flach-weiter Aufschlag:
1 Ausgangsstellung
2 Ausholbewegung

Bewegungsausführung

Schrittstellung: Rechter Fuß ist vorne. Schläger so vor den Körper halten, dass der Schaft senkrecht nach unten zeigt; Besaitung parallel zum Netz, Handrücken zeigt zum Netz. Nur eine kleine (oder keine) Schleifenbewegung. Schlagbewegung erfolgt nur durch Beugung des Handgelenks zum Handrücken hin und eine schnelle Unterarmdrehung.

Wichtig:

Der Ball wird mit der linken Hand so gehalten, dass Zeige- und Mittelfinger innerhalb des Ballkorbs liegen. Der Schlag erfolgt sofort nach Öffnen der Hand.

Flach-weiter Aufschlag

Diese Aufschlagvariante unterscheidet sich vom hohen Aufschlag nur durch eine wesentlich flachere Flugbahn. Zielbereich ist die Grundlinie (Einzel) bzw. hintere Aufschlaglinie (Doppel).

Tipp:

- Der Ball muss scharf geschlagen werden, da er innerhalb der Reichweite des Gegners zum Ziel fliegt.
- Versuchen Sie, den Ball knapp über der linken Schulter des Gegners (Rechtshänder) vorbeizuschlagen und ihn zu einem RH-Schlag zu verleiten.

Aufschlagtechniken

3 Treffphase
4 Ausschwung

Swip

Diese Aufschlagvariante hat – speziell im Doppel – das größte Überraschungsmoment für den Gegner. Der Swip wird knapp außerhalb der Reichweite des Gegners gespielt.
Ausgangsstellung und Ausholbewegung entsprechen denen des kurzen Aufschlags (VH bzw. RH).
Erst im letzten Moment vor dem Treffen des Balles wird ihm durch eine schnellkräftige Unterarmdrehung und durch Handgelenkseinsatz statt einer kurzen Flugbahn eine hoch-weite Flugbahn gegeben.

Wichtig:
Nur wenn der Gegner bis zur Ausführung einen kurzen Aufschlag erwartet, bringt der Swip einen Vorteil.

Allgemeine Hinweise
➤ Nutzen Sie die Zeit vor dem nächsten Aufschlag zur Konzentration.
➤ Führen Sie im Spiel nur Aufschläge aus, die Sie sicher beherrschen.
➤ Lassen Sie den Gegner über die beabsichtigte Aufschlagart möglichst lange im Unklaren.
➤ Beachten Sie vor dem Aufschlag die Stellung des Gegners zur Annahme.

Technik der Schlagarten

VH-Überkopfclear (Befreiungsschlag)

Der VH-Überkopfclear ist der im Einzel am häufigsten angewendete Schlag. Er ist für den Spielaufbau unbedingt notwendig.
Die lange Flugkurve verschafft die benötigte Zeit, um aus einer hinteren Spielfeldecke in die zentrale Mitte zu laufen. Zielbereich ist die Grundlinie.
Die große Bedeutung des VH-Überkopfclear wird auch darin deutlich, dass sich aus ihm leicht die weiteren Grundschlagarten sowie Schmetterschlag (Smash) und Stoppschlag (Drop) erlernen lassen.
Die wichtigsten Merkmale der Schlagausführung werden zunächst für das Erlernen der Technik aus dem Stand beschrieben. Im Spiel ist es häufig besser, den VH-Überkopfclear mit der Technik des Umsprungs auszuführen.

Ausgangsstellung
Der rechte Fuß wird zu einem Stemmschritt zurückgestellt, die rechte Fußspitze ist nach außen gedreht. Der linke Fuß zeigt in Schlagrichtung.
Der Schlagarm ist angehoben und etwa 90° im Ellenbogen gebeugt. Der Oberarm bildet die Verlängerung der Schulterachse. Der Schlägerkopf befindet sich vor-über dem Kopf.
Die linke Schulter und der linke Arm sind zum hoch heranfliegenden Ball gerichtet.

Ausholbewegung
Rechte Körperseite weiter zurücknehmen, dadurch seitliche Stellung zum Ball. Ellenbogen des Schlagarmes nach hinten führen; der Schlägerkopf gelangt dabei entgegen der Schlagrichtung hinter den Kopf. Unterarmdrehung nach außen und Handgelenkbeugung zum Handrücken hin.
Die Schlagfläche beschreibt den ersten Teil der zum optimalen Schlag benötigten Schleifenbewegung.
Die Ausholbewegung geht harmonisch in die Schlagbewegung über, wenn der Schläger hinter und neben der rechten Schulter senkrecht zum Boden zeigt.
Die Schlagfläche steht jetzt senkrecht zum Netz.

Schlagbewegung
Die erreichte Vorspannung des Körpers und des Schlagarmes löst sich in einem ineinander übergehenden, schnellkräftigen Vorbringen der rechten Hüfte, Schulter und des rechten Ellenbogens nach vorn-oben auf.

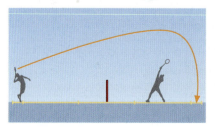

Technik der Schlagarten 35

VH-Über-kopfclear im Wettkampf

Technik

VH-Überkopfclear aus dem Stand:

1 + 2 Ausholbewegung

Schlagarm strecken, Unterarmdrehung und kurz vor dem Treffpunkt des Balles Handgelenkeinsatz.

Der Treffpunkt befindet sich über dem Kopf, vor dem Handgelenk des Schlagarmes.

Körpergewicht durch Abdruck vom hinteren rechten Fuß während der Schlagbewegung auf den vorderen linken Fuß verlagern. Der linke Arm wird am Körper nach unten-hinten geführt.

Ausschwung

Unterarmdrehung fortsetzen. Vorwärtsbewegung des Körpers durch Vorsetzen des rechten Fußes abfangen.

Schlagbewegung klingt in Richtung linker Oberschenkel aus.

Tipp:
Heben Sie den Schläger im Rückwärtslauf zum Schlag an, so dass im Zurücksetzen des rechten Fußes zum Stemmschritt der Körper und Schläger die Ausgangsstellung erreichen.

Wichtig:
Nur rechtzeitiger Lauf (keine Nachstellschritte!) und stets gleiche seitliche Stellung zum Ball sichern einen genauen Schlag.

Technik der Schlagarten

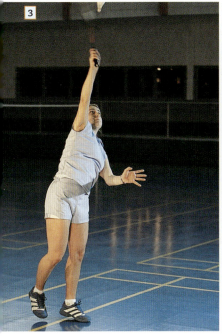

3 Treffphase
4 Ausschwung

Übungsformen
➤ Schlag aus dem Stand am Ballpendel.
➤ Schlag aus dem Stand nach frontalem Zuspiel mit dem hohen Aufschlag durch den Partner.
➤ Zuspiel mit VH-Überkopfclear aus dem Stand.
➤ Schlag aus dem Rückwärtslauf nach Zuspiel.
➤ VH-Überkopfclear von Grundlinie zu Grundlinie. Nach jedem Schlag laufen die Partner zur vorderen Aufschlaglinie, Schläger auf den Boden tippen, Rückwärtslauf zum nächsten Schlag.

Fehler – Fehlerkorrektur
• Treffpunkt hinter dem Kopf:
➤ Schneller rückwärts laufen, Ausgangsstellung hinter dem Ball einnehmen, Schläger schon im Lauf hochnehmen.
• Flugbahn zu steil nach oben:
➤ Schlagbewegung früher ausführen, Handgelenkeinsatz verstärken.
• Grundlinie wird nicht erreicht:
➤ Seitliche Stellung zum Ball und Körpereinsatz verbessern.
• Flugbahn zu flach:
➤ Auf rechtzeitige Schleifenbewegung achten. Treffpunkt nicht zu weit vor dem Körper.

Technik

VH-Überkopfclear aus dem Umsprung:
1 Aufsetzen des rechten Fußes
2 Absprung

Umsprung

Im Wettkampf ist es günstiger und oftmals auch unvermeidbar, einen VH-Überkopfschlag aus dem Umsprung auszuführen.

Vorteile
➤ Besserer Körpereinsatz.
➤ Höherer Balltreffpunkt.
➤ Nicht immer ist Zeit für einen Stemmschritt vorhanden.

Nachteile
➤ Größerer Kraftaufwand.
➤ Für den Ungeübten schwierigere Koordination von Ballflug und Körperbewegung.

Bewegungsausführung

Aus dem Rückwärtslauf rechten Fuß zu einem kräftigen Abdruck in die Höhe aufsetzen, rechte Fußspitze nach außen gedreht.
Mit dem Absprung erfolgt die Ausholbewegung.
VH-Schlagbewegung im Sprung. Balltreffpunkt im Augenblick der größten Sprunghöhe.
Nach dem Absprung vom rechten Fuß, Wechsel des linken Fußes nach hinten.
Landung auf dem linken Fuß und Abdruck nach vorn.
Aufsetzen des rechten Fußes etwa auf der Absprungstelle und Lauf zur Spielmitte.

Technik der Schlagarten 39

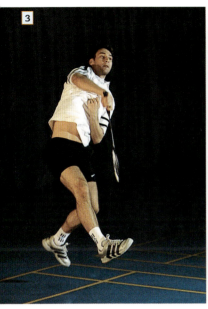

3 Schlagbewegung im Sprung

4 Landung auf dem linken Fuß

Tipp:
Den Umsprung zunächst ohne Schlagbewegung üben (Simulationstraining).
Rhythmushilfe für die entscheidenden Bodenkontakte:
- Aus dem Rückwärtsgehen (-lauf) **betontes Aufsetzen des rechten Fußes** zum Umsprung:
rechts – **Sprung** – links – rechts;
- mit Schlagausführung:
rechts – **Schlag** – links – rechts.

Wichtig:
➤ Die Landung sollte auf dem ganzen Fuß erfolgen, linke Fußspitze nach außen gedreht.

➤ Setzen Sie den linken Fuß weit hinter dem Körper auf, da die Rückwärtsbewegung abgestoppt und eine Vorwärtsbewegung eingeleitet werden muss.
➤ Wenn Sie jedoch durch den Schlag des Gegners genügend Zeit erhalten, rechtzeitig hinter den Ball zu gelangen, ist es günstiger und Kraft sparender, aus dem Stemmschritt zu schlagen. Die bessere Kontrolle über den Körper durch den Bodenkontakt beider Füße führt zu sicherer Schlagausführung. Somit sind kontrollierte Schläge möglich und ein Erfolg versprechender Spielverlauf gewährleistet. Die zentrale Position kann schneller erreicht werden.

Technik

Clear »links vom Kopf«:
1 Lauf zum Ball
2 Schlagbewegung
3 Treffphase
4 Landung

Clear »Links vom Kopf«

Mit Hilfe der Technik des Umsprungs können nun auch Bälle »links vom Kopf« erreicht werden, ohne einen RH-Schlag anzuwenden. Die Schlagausführung erfolgt ähnlich dem VH-Überkopfclear mit Umsprung. Der wesentliche Unterschied besteht im seitwärts nach links gebeugten Oberkörper während der Schlagphase. Der Treffpunkt für diesen VH-Schlag liegt links neben dem Kopf.

Wichtig:
Mit dem ersten Schritt des Rückwärtslaufes sollte der Rücken bereits in die Richtung des erwarteten Balltreffpunktes gedreht werden.

Tipp:
Die beiden ersten Schritte sollten raumgreifend sein, um mit zwei bis drei kleineren Schritten den rechten Fuß zum Umsprung in der hinteren linken Spielfeldecke aufsetzen zu können.

Übungsformen
➤ Umsprung zunächst aus dem Stand, Rückwärtsgehen, Rückwärtslauf ohne Ball üben.
➤ Clear »Links vom Kopf« nach Zuspiel mit hohem Aufschlag aus dem Angehen üben.
➤ Wie oben, aus dem Rückwärtslauf.

Technik der Schlagarten

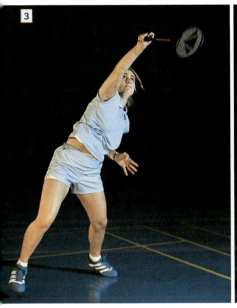

➤ Aus dem Zuspiel abwechselnd VH-Überkopfclear/Clear »Links vom Kopf«, nach jedem Schlag Lauf zur Spielfeldmitte. Dabei auf ökonomische Beinarbeit achten.

Fehler – Fehlerkorrektur

• Der Ball wird erst bei der Landung getroffen:
➤ Absprung in die Höhe verstärken, auf rechtzeitigen Absprung achten.

• Nach der Landung wird der rechte Fuß nach hinten aufgesetzt:
➤ Absprung in die Höhe verstärken; linkes Bein zur Landung weiter hinten aufsetzen und sofort kräftiger Abdruck nach vorn.

Vorbildliche Ausholphase beim Clear

1 +2 Ausholbewegungen
3 Treffphase

VH-Überhandclear (Befreiungsschlag)

Der Überhandschlag wird seitlich vom Körper ausgeführt.

Bewegungsausführung

Lauf zum beabsichtigten Balltreffpunkt nahe der Seitenlinie. Schlagarm anheben, so dass Schulterachse und rechter Oberarm zum Balltreffpunkt zeigen. Rechten Fuß mit einem Ausfallschritt seitwärts – Fußspitze zur Seitenlinie gedreht – aufsetzen. Gleichzeitig erfolgt die Ausholbewegung.
Die Schleifenbewegung zum Schlag wird im Gegensatz zum VH-Überkopfclear neben dem Körper ausgeführt. Im Treffpunkt befindet sich der Schlägerkopf über dem Handgelenk des Schlagarmes und über Kopfhöhe neben dem Körper. Abdruck vom rechten Fuß zum Lauf in die zentrale Position erfolgt erst nach beendetem Schlag.

Wichtig:

Oft ist es angebracht, den Ball im Sprung zu schlagen. Der Absprung erfolgt dann vom rechten Fuß, der Schlag wird im Sprung seitwärts ausgeführt. Die Landung erfolgt einbeinig auf dem rechten Fuß oder beidbeinig.

Tipp:

Hier ist statt des Universalgriffs auch der RH-Griff »5 nach 7« möglich.

Technik der Schlagarten 43

Perfekter VH-Überhandclear

RH-Überhandclear (Befreiungsschlag)

Ein Rückhandschlag hat gegenüber VH-Schlägen folgende **Nachteile**:
➤ Blickkontakt zum Gegner geht verloren.
➤ Rücken zum Netz bei Ausgangsstellung.
➤ Laufrichtungsänderung erst nach Körperdrehung möglich, Gegner hat mehr Zeit.
Die bessere Möglichkeit ist deshalb oft der Schlag »Links vom Kopf« mit Umsprung.

Tipp:
Vermeiden sie Rückhandschläge im Spiel. Trotzdem darf der RH-Überhandclear im Schlagrepertoire eines guten Spielers nicht fehlen.

Ausgangsstellung
Aus der Grundstellung in der Spielfeldmitte mit dem ersten Schritt des rechten Beines Körperdrehung nach links zum Vorwärtslauf. Schläger im Lauf anheben. Oberarm in Verlängerung der Schulterachse.
Blick über die rechte Schulter zum Ball.

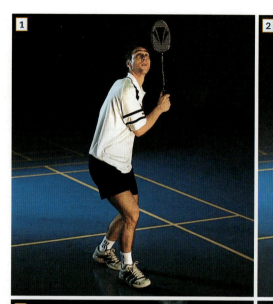
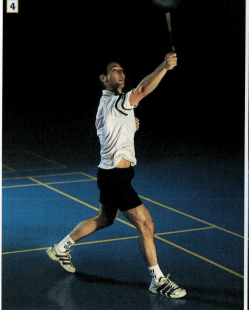

Technik der Schlagarten

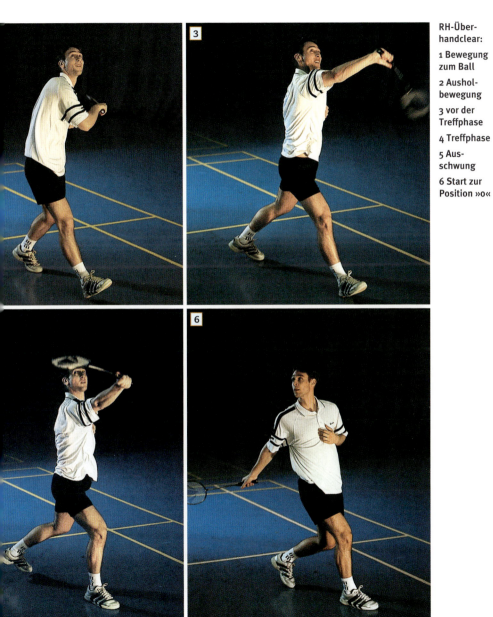

RH-Überhandclear:
1 Bewegung zum Ball
2 Ausholbewegung
3 vor der Treffphase
4 Treffphase
5 Ausschwung
6 Start zur Position »o«

Ausholbewegung

Vor dem letzten Aufsetzen des rechten Fußes vor dem Körper. Ellenbogen des Schlagarmes vor den Körper führen. Handgelenk und Schlägerkopf werden nachgezogen.
Unterarmdrehung nach außen. Handgelenk und Schlägerkopf in Richtung linker Oberschenkel fallen lassen, Unterarmdrehung nach innen und Beugung des Handgelenks zur Handfläche hin.
Erster Teil der Schlagbewegung ist beendet, wenn die Kleinfingerkante deutlich nach oben zeigt (Schläger senkrecht nach unten).

Schlagbewegung

Rechte Schulter und Ellenbogen werden ohne Unterbrechung in Richtung des ankommenden Balles beschleunigt. Streckung des Schlagarmes zum Ball hin. Kurz vor dem Treffpunkt schnellkräftige Unterarmdrehung nach außen und Beugung des Handgelenks zum Handrücken. Dadurch wird eine große Beschleunigung des Schlägerkopfes erreicht. Treffpunkt des Balles seitlich neben dem Körper, Schlägerkopf über dem Handgelenk des Schlagarmes.
Mit dem Treffen des Balles, Aufsetzen des rechten Fußes.

Ausschwung

Drehung des Unterarmes und Handgelenkbeugung fortsetzen, bis der Schläger parallel zum Boden ist. Abdruck vom rechten Fuß, Körperdrehung nach rechts, Lauf zur zentralen Position.

Wichtig:

Vermeiden Sie das Nachziehen des linken Fußes.

Tipp:
Erst drehen, dann laufen, dann schlagen.

Übungsformen

➤ Üben Sie die Schlagbewegung zunächst langsam ohne Ball.
➤ Führen Sie den Schlag nach genauem Zuspiel durch den Partner aus dem

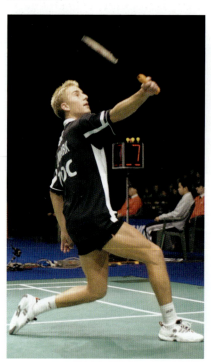

RH-Schlag nach »Überspielen« durch den Gegner

Technik der Schlagarten

Stand aus; versuchen Sie, locker zu schlagen.
➤ Erst wenn der RH-Clear sicher aus dem Stand beherrscht wird, versuchen Sie, den zugespielten Ball nach kurzem Lauf zurückzuschlagen.
➤ RH-Clear und VH-Clear in ständigem Wechsel durch hohes Zuspiel. Nach jedem Schlag Lauf in die Spielfeldmitte.

Tipp:
Möglichen Griffwechsel zum RH-Griff (»5 nach 7«) vor der Ausholbewegung ausführen.

Fehler – Fehlerkorrektur
• RH-Clear wird mit gestrecktem Arm seitlich neben dem Körper geschlagen (Rotation des Körpers):
➤ Näher an den Ball heranlaufen.
• Ballflug zu kurz:
➤ Unterarmdrehung nach außen verstärken.
• Treffpunkt zu tief vor dem Körper:
➤ Ausfallschritt rechts vergrößern.
• Verwringung des Körpers im Schlag:
➤ Rechten Fuß vorsetzen, rechte Schulter zum Treffpunkt drehen.

Allgemeine Hinweise
Die bisher aufgeführten Überkopf- und Überhandschläge haben alle eine hochweite Flugbahn, kurz Clear genannt. Sie sollen so geschlagen werden, dass der Ball erst im Grundlinienbereich vom Gegner erreicht werden kann.

Perfekter Ausschwung beim Smash eines Linkshänders

Zweck:
➤ Der Clear ist dem Spielaufbau dienlich.
➤ Der Gegner soll aus der Spielfeldmitte zur Grundlinie gedrängt werden.
➤ Der Clear schafft den Zeitgewinn zur eigenen Bewegung in die zentrale Position.
➤ Ein eigener Angriff kann vorbereitet werden.

Für den Anfänger empfiehlt sich zum Erlernen der Schlagarten die Reihenfolge:
1. Hoher Aufschlag (auch als Zuspiel).
2. Zunächst VH-Schläge, dann RH-Schläge aufbauend: Clear – Smash – Drop.

Technik

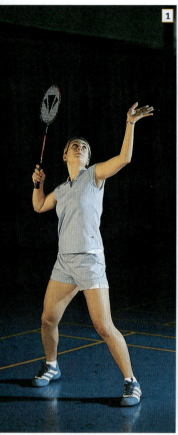  

Smash aus dem Stand:
1 Ausgangsstellung
2–4 Ausholbewegung
5 Treffphase
6 Ausschwung

Smash (Schmetterschlag)

Der Smash lässt sich als VH-Schlag sowohl aus dem Überkopf- als auch aus dem Überhandbereich ausführen. Er zeichnet sich durch höchste Bewegungsintensität und Krafteinsatz aus. Der Schlag kann aus dem Stand (Stemmschritt), besser aber aus dem Sprung ausgeführt werden.

Die Unterschiede zum Clear sind:
➤ Nach vorn verlagerter Treffpunkt des Balles (siehe Grafik S. 49).
➤ Sehr hohe Geschwindigkeit des Schlägerkopfes.
➤ Maximaler Krafteinsatz der Bein-, Rumpf- und Armmuskulatur.
➤ Schnellkräftigere Schlagbewegung mit verstärktem Einsatz von Unterarmdrehung und Handgelenkbeugung.

Technik der Schlagarten 49

➤ Bewegung des Körpers zum Balltreffpunkt hin.
➤ Steil nach unten führende Flugbahn.
➤ Verlängerter Ausschwung.

Wichtig:
Ausholbewegung zum Clear oder Smash sollte stets gleich sein, damit der Gegner erst spät erkennt, welcher Schlag ausgeführt wird.

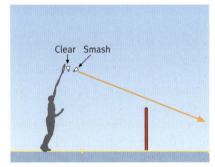

Unterschiedliche Balltreffpunkte beim Clear und Smash

Der Smash aus dem Sprung hat folgende **Vorteile**:
➤ Höherer Balltreffpunkt.
➤ Verbesserter Körpereinsatz, dadurch größere Schlagwirkung.

Übungsformen
➤ Seitlicher Zuwurf von links, VH-Smash mit Stemmschritt auf die Fußleiste einer Wand; Abstand ca. 4 m.
➤ Frontales Zuspiel durch hohen Aufschlag (ohne Netz), VH-Smash mit Stemmschritt/Umsprung in Richtung Knie des Partners; Abstand ca. 4 bis 5 m.
➤ Nach Zuspiel VH-Smash aus der Laufbewegung rückwärts.
➤ VH-Smash nach Zuspiel mit vollem Krafteinsatz über das Netz.
➤ Erst nach Beherrschen des VH-Smash auch RH-Smash versuchen.

Fehler – Fehlerkorrektur
• Flugbahn nicht steil genug:
➤ Treffpunkt nach vorn verlagern, Handgelenkeinsatz verstärken.
• Smash nicht hart genug:
➤ Körpereinsatz zum Ball hin verstärken, schnellere Schlagbewegung.
• Ball fliegt ins Netz:
➤ Treffpunkt zu tief, Körper zu weit hinter dem Ball.

Tipp:
Ein Smash mit vollem Krafteinsatz ist im Spiel nur dann sinnvoll, wenn ein Punkt oder ein Vorteil für den nächsten Schlag erzielt werden kann.

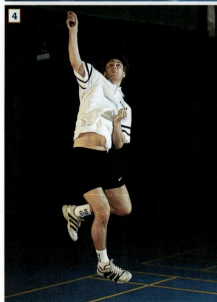

Technik der Schlagarten

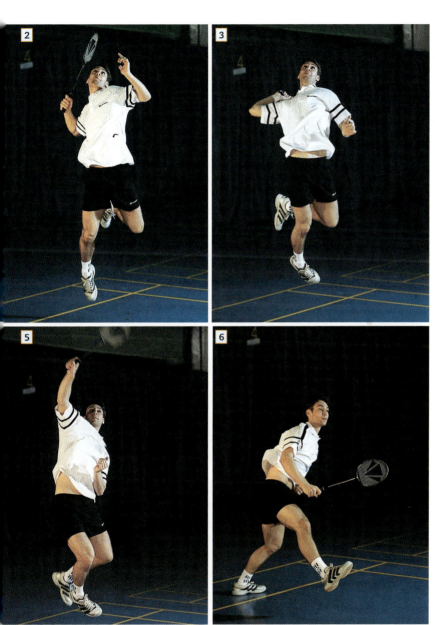

Smash aus dem Sprung:

1 Vorbereitung zum Schlag

2 Absprung

3 Ausholbewegung

4 Schlagbewegung im Sprung

5 Treffphase

6 Landung und Start zur Position »o«

Drop (Stoppschlag)

Ausgangsstellung und Ausholbewegung sind denen des Clear gleich.
Die Unterschiede zum Clear sind:
➤ Kurz vor dem Treffen des Balles: abstoppen der Schlagbewegung.
➤ Nur geringer Handgelenkeinsatz.
➤ Der Ausschwung kann sehr gering gehalten werden.

Wichtig:
Der Ball soll knapp über das Netz fliegen (keine Bogenlampe, siehe Grafik) und im netznahen Bereich aufkommen.

Schneller Drop (2):
➤ Schneller Ballflug.
➤ Zielbereich etwa bis zur vorderen Aufschlaglinie.

Übungsformen
➤ Drop nach Zuspiel durch hohen Aufschlag.
➤ Drop aus dem Lauf rückwärts nach Zuspiel durch den Partner.

Fehler – Fehlerkorrektur
• Ball fliegt zu hoch über das Netz:
➤ Handgelenkeinsatz verstärken.
• Ball fliegt ins Netz:
➤ Treffpunkt zu niedrig, Schlagbewegung zu langsam.
• Schlagbewegung mit ständig gestrecktem Arm:
➤ Ausholbewegung beachten (Arm beugen)!

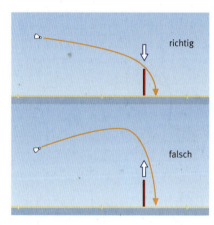

Zwischen langsamem und schnellem Drop gibt es wesentliche Unterschiede (siehe Grafik rechts):

Langsamer Drop (1):
➤ Langsamer Ballflug.
➤ Sehr dicht hinter das Netz geschlagen.

Wichtig:
Besonders für den Drop können Schlagvarianten Vorteile erbringen.
Eine kurze Flugbahn kann auch trotz einer hohen Geschwindigkeit des Schlägerkopfes erzielt werden. Beachten Sie dazu im Folgenden den »gewischten« Drop und den geschnittenen Drop.

Technik der Schlagarten

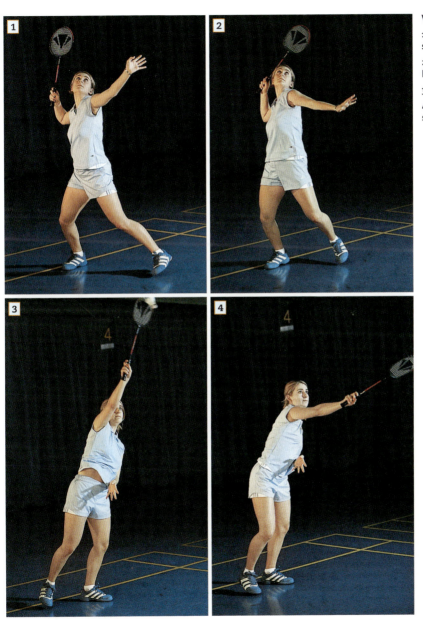

VH-Drop:
1 Ausgangsstellung
2 Ausholbewegung
3 Treffphase
4 Ausschwung

Technik

RH-Drop:
1 Ausgangsstellung
2 + 3 Ausholbewegung
4 Treffphase

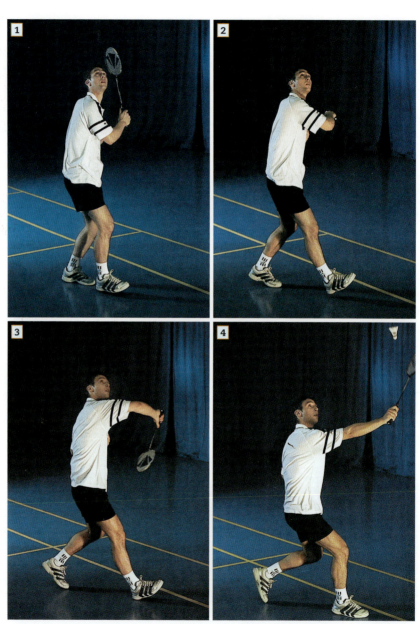

Technik der Schlagarten

Drive (Treibschlag)

Der Ball wird im Seithandbereich (Treffpunkt in Höhe des Handgelenks der Schlaghand) flach und scharf über das Netz geschlagen. Ausgangsstellung ist ähnlich wie bei den Überhandschlägen.

Ausholbewegung
Im Gegensatz zu den Überhandschlägen erfolgt die Vorbereitung zum Schlag (Schleifenbewegung) etwa in Hüfthöhe seitlich neben dem Körper.

Schlagbewegung
Während der Schlagbewegung befindet sich der Schläger etwa in der gleichen Höhe wie in der Ausholbewegung.

Der Treffpunkt befindet sich im Augenblick der Armstreckung seitlich neben dem Körper.

Ausschwung
Der Schläger wird, dem Ball folgend, zum Netz hin weitergeführt.

Wichtig:
Der Drive wird hauptsächlich in den Doppeldisziplinen angewendet. Zielbereiche sind die Grundlinie oder die Mitte des Spielfeldes um die Positionen 4 und 5.

Tipp:
Vermeiden Sie diagonal geschlagene Bälle.

Drive:
1 Ausholbewegung
2 vor der Treffphase
3 Ausschwung

Technik

  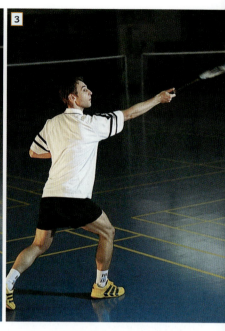

RH-Drive:
1 Ausholphase
2 kurz vor der Treffphase
3 Treffphase

Übungsformen
➤ Den Ball nach Zuspiel parallel zur Seitenlinie bis zur Grundlinie schlagen, VH und RH.
➤ Paarweise den Ball mit dem Drive parallel zur Seitenlinie schlagen. Nur VH oder RH.
➤ Der Partner spielt den Ball stets diagonal zurück; Drive parallel bis zur Grundlinie.

Fehler – Fehlerkorrektur
• Flugbahn des Balles steigt zur Grundlinie stark an:
➤ Rechtzeitiger Lauf zum Ball; auf Treffpunkt über der Hüfte achten.
• Flugbahn zu kurz, Treffpunkt sollte stets zwischen dem Körper und dem Netz sein:
➤ Auf weite Schleifenbewegung achten.
• Ball fliegt ins Netz:
➤ Treffpunkt zu tief oder hinter dem Körper.

> **Tipp:**
> Ein Drive ist nur dann sinnvoll, wenn ein anderer Angriffsschlag nicht mehr möglich ist.

Technik der Schlagarten

Dynamischer VH-Drive

Rechts: Richtig
Unten: Falsch

VH-Unterhand-clear (Befreiungsschlag)

Ausgangsstellung
Lauf zum Ball und Ausfallschritt mit dem rechten Bein in Richtung des ankommenden Balles.

Ausholbewegung
Während des Ausfallschrittes Schläger bei gebeugtem Ellenbogen nach hinten führen. Oberkörper bleibt aufrecht.

Technik der Schlagarten

Schlagbewegung
Schlagarm in einer Schleifenbewegung nach vorn schwingen. Ellenbogengelenk strecken und Unterarmdrehung nach außen, Handgelenk zum Handrücken beugen. Schwungvolle Bewegung des Schlägers nach vorn oben zum Ball, Unterarmdrehung nach innen und Handgelenkeinsatz.
Treffpunkt des Balles unterhalb des Handgelenks vor dem rechten Knie.

Ausschwung
Unterarmdrehung fortsetzen. Schläger schwingt dem Ball folgend zur linken Schulter aus. Kräftiger Abdruck vom rechten Fuß nach hinten.

Tipp:
Der VH-Unterhandschlag ähnelt dem hohen Aufschlag.
Aber: Ausfallschritt mit dem rechten Bein.

Wichtig:
Zum Ausfallschritt rechte Fußsohle flach aufsetzen. Rechtes Kniegelenk soll hinter dem Sprunggelenk bleiben. Linken Fuß nicht nachziehen.
Ein Unterhandschlag kommt häufig zur Anwendung:
➤ nach einem gegnerischen Drop,
➤ nach einem gegnerischen Angriff als Möglichkeit zur Abwehr,
➤ als »Notschlag« aus einer stark bedrängenden Spielsituation.

Extreme Situation beim VH-Unterhandclear

Technik

VH-Unterhandclear:
1 Bewegung zum Ball
2 Ausholbewegung
3 Treffphase
4 Ausschwung

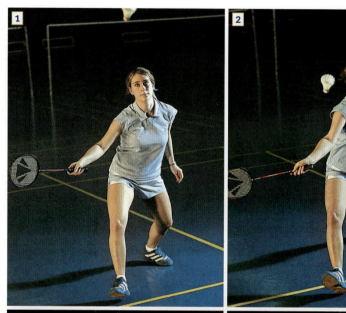

RH-Unterhandclear:
1 Bewegung zum Ball
2 Ausholbewegung
3 Treffphase
4 Ausschwung

Technik der Schlagarten

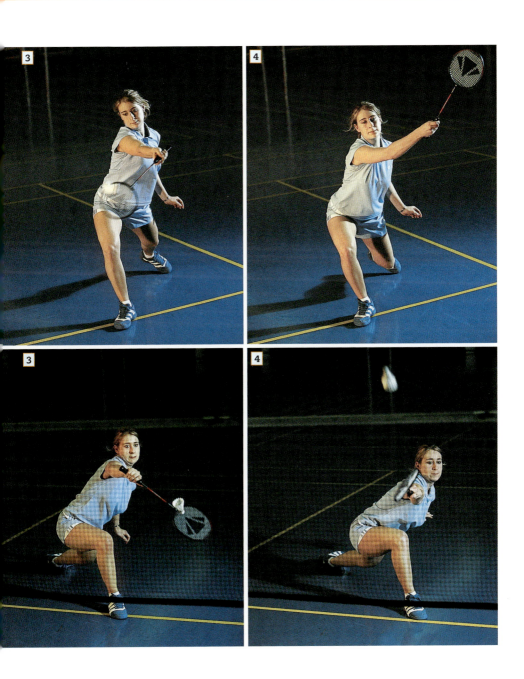

Rasanz im Damendoppel

RH-Unterhandclear (Befreiungsschlag)

Ausgangsstellung
Entspricht der des VH-Unterhandschlages.

Ausholbewegung
Rechte Schulter nach vorn führen. Schleifenbewegung neben der linken Körperseite einleiten (siehe RH-Überhandclear S. 44).

Schlagbewegung
Streckung des Schlagarmes zum Balltreffpunkt. Unterarm- und Handgelenkeinsatz. Treffpunkt links neben dem rechten Knie.

Ausschwung
Schlagbewegung klingt, dem Ball folgend, nach vorn oben zur rechten Körperseite hin aus.
Abdruck vom rechten Fuß nach hinten.

Wichtig:
➤ Ebenso wie beim VH-Unterhandschlag wird der Ausfallschritt mit dem rechten Bein ausgeführt.
➤ Unterhandschläge (VH und RH)

Technik der Schlagarten 63

RH-Unterhandschlag in bedrängter Lage

werden bei gegnerischen Drops angewendet.
Besonders wichtig sind sie bei der Abwehr von Schmetterschlägen.
Unterschiede: Hohe Abwehr mit Unterhandclear.
Kurze Abwehr mit Unterhanddrop.

Übungsformen
➤ Partner spielt Überkopfdrop; dann Unterhandclear VH oder RH. Nach jedem Ausfallschritt zurück zur Spielfeldmitte.
➤ Hoher Aufschlag, Smash, Abwehr mit VH-Unterhandclear.
➤ Wie oben, aber RH-Abwehr.

➤ Wechselseitiges Üben: Hoher Aufschlag – Smash – Unterhanddrop – Unterhandclear – Smash.

Tipp:
Der RH-Unterhandschlag ist für die Abwehr besser geeignet. Erst als RH-Unterhanddrop üben.

Fehler – Fehlerkorrektur
• Ball wird zu tief angenommen:
➤ Oberkörper aufrecht lassen.
• Abdruck nach dem Schlag zu langsam:
➤ Ausfallschritt korrigieren.

Technik

Schläge beim »Spiel am Netz«

Unter diesem Sammelbegriff sind verschiedene Möglichkeiten, einen Ball nahe am Netz zu schlagen, zusammengefasst.
Bälle, die unterhalb der Netzkante geschlagen werden müssen, können durch
➤ Heben,
➤ Stechen,
➤ Schneiden
gespielt werden.

Oberhalb der Netzkante sind für einen direkten Punkterfolg möglich:
➤ Wischen,
➤ Töten.

Oben:
»Heben« VH

Rechts:
»Heben« RH

Technik der Schlagarten

»Heben« (VH und RH)

Ausfallschritt rechts. Bei leicht gebeugtem Ellenbogen sehr kleine und möglichst weiche Schleifenbewegung. Schläger zum Unterarm abgewinkelt. Schlägerkopf ständig parallel zum Boden.
Treffpunkt (möglichst) hoch am Netz.
Der Ball soll nur bis knapp über die Netzkante steigen und dicht am Netz herunterfallen.

»Stechen« (VH und RH)

Ausfallschritt rechts. Schläger zum Unterarm abgewinkelt. Schlägerkopf parallel zum Boden oder leicht zum Netz geneigt. Kurze Streckung im Ellenbogengelenk nach vorn, quer zur Flugrichtung des Balles. Treffpunkt nur knapp unterhalb der Netzkante. Ball »taumelt« über das Netz.

Wichtig:
➤ Soll ein vom Gegner geschlagener Drop mit der Technik »Stechen« gespielt werden, ist eine frühzeitige Bewegung notwendig (oft ein Sprung ans Netz).
➤ Durch das »Stechen« wird einem nahe am Netz stehenden Gegner der Rückschlag erschwert, da der taumelnde Ball nicht genau getroffen oder erst sehr tief geschlagen werden kann.

»Stechen« RH

Technik

»Schneiden« (VH und RH)

Kleine Schleifenbewegung. Durch entsprechenden Handgelenkeinsatz wird der Ball nicht frontal getroffen, sondern seitlich gestreift.

Wichtig:
Das Schneiden ist sinnvoll, wenn ein ankommender Ball sehr nah am Netz herunterfällt. Dadurch ist der Annehmende gezwungen, den Ball erst kurz über dem Boden mit Schnitt diagonal zu schlagen.

Oben: »Schneiden« VH
Rechts: »Schneiden« RH

Technik der Schlagarten

»Wischen« (VH und RH)

Ausfallschritt rechts. Kleine Ausholbewegung. Kurze Streckung im Ellenbogen nach vorn, Schlägerkopf ständig parallel zum Netz. Schlagbewegung durch schnellkräftige Unterarmdrehung parallel zum Netz, quer zur Flugrichtung des Balles. Treffpunkt oberhalb der Netzkante.

Wichtig:
Hauptsächlich in den Doppeldisziplinen ist das Wischen eine Form zur Annahme eines kurzen Aufschlags. Besonders für den nah am Netz stehenden Aufschläger ist es schwierig zu erkennen, wohin der angenommene Ball gespielt werden soll, da der ausführende Spieler durch eine geringe Handgelenkbewegung die Schlagrichtung noch ändern kann.

»Wischen« VH:
1 Ausholphase
2 Treffphase
3 Ausschwung

Technik

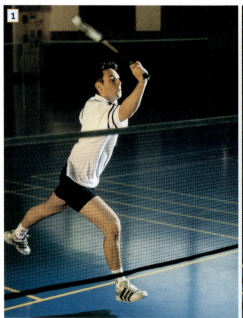

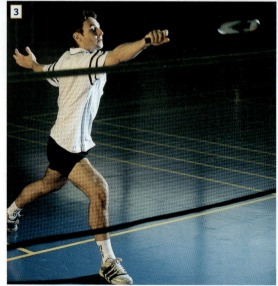

»Töten« VH:
1 Ausholen
2 Treffphase
3 Ausschwung

»Töten« (VH und RH)

Schläger in Kopfhöhe vor dem Körper, Handgelenk stark gebeugt. Schlag erfolgt durch schnellkräftigen Handgelenkeinsatz und Streckung im Ellenbogengelenk zum Ball hin. Treffpunkt über dem Netz, vor dem Körper. Abstoppen der Bewegung und sofortiges Rückführen des Schlägers.

Technik der Schlagarten 69

Angriffs-situation im gemischten Doppel

Technik

Wichtig:
In den Doppeldisziplinen kommt dem vorderen Spieler der angreifenden Partei die wichtige Aufgabe zu, zu kurz abgewehrte Bälle am Netz zu »töten«.
Dabei sollte er nicht versuchen, Bälle erst hinter seinem Körper zu erreichen und damit den besser stehenden Partner am Schlag hindern. Im gemischten Doppel kommt diese wichtige Aufgabe besonders der Dame zu.

Übungsformen zum Spiel am Netz

➤ Zum Erlangen eines sicheren Ballgefühls: Ball knapp über das Netz »heben« mit VH, Partner mit RH.
➤ »Heben« am Netz diagonal; beide Spieler VH bzw. RH.
➤ »Heben« am Netz, ein Spieler nur parallel, der andere nur diagonal.
➤ »Heben« am Netz in beliebiger Richtung (beide Spieler).
➤ Zuspiel durch Unterhanddrop, »Stechen« des Balles knapp unterhalb der Netzkante.
➤ Ein Spieler hebt den Ball in beliebiger Richtung über das Netz, der Partner versucht jeden Ball zu »stechen«.
➤ Ein Spieler verbessert seinen kurzen Aufschlag, der Partner versucht als Aufschlagannahme den Ball zu »wischen« oder, falls nicht möglich, zu »stechen« (mehrere Bälle).
➤ Zuspiel durch den Partner aus der hinteren Spielfeldhälfte mit einem flachen, scharf über das Netz gespielten Unterhandschlag; »Töten« am Netz (mehrere Bälle notwendig).
➤ Beide Spieler versuchen durch »Spiel am Netz« über die gesamte Spielfeldbreite dem Partner den Rückschlag zu erschweren bzw. zu hoch gespielte Bälle zu »töten«.

Tipp:
Vernachlässigen Sie im Training oder vor einem Wettkampf nicht das »Spiel am Netz«.
Ein unsicheres Ballgefühl am Netz kann manches Spiel zu Ihren Ungunsten beeinflussen.

Allgemeine Hinweise

Die bereits beschriebenen Schlagarten gestatten bei sicherer Ausführung ein gutes Spiel. Versuchen Sie deshalb, zunächst diese Grundtechniken zu erlernen und zu verbessern. Besondere Aufmerksamkeit sollten Sie dem hohen Aufschlag (auch als Zuspiel) und dem VH-Überkopfclear schenken. Für Spielbeginn und Spielaufbau sind sie von großer Wichtigkeit. Da Badminton ein Angriffsspiel ist, das Doppel in noch stärkerem Maße als das Einzel, führen Schmetterbälle nach entsprechender Vorbereitung zum angestrebten Erfolg.
Badminton erfolgreich zu spielen hängt nicht nur von der Technik ab, auch Taktik und Kondition sind weitere Faktoren.

Technik der Schlagarten

Spiel am Netz

Angriffsclear:
1 Ausgangsstellung
2 Ausholbewegung
3 Treffphase
4 Ausschwung

Schlagvarianten

Schlagvarianten sind für den Leistungs- und Spitzenspieler unbedingt notwendig. Doch auch der Anfänger und Fortgeschrittene sollte sich mit einigen Varianten vertraut machen, um den Gegner im Spiel überraschen zu können. Ausgangsstellung und Ausholbewegung sind mit den jeweils entsprechenden Schlagarten identisch.

Angriffsclear

Voraussetzung
Beherrschen des VH-Überkopfclear.

Merkmale
➤ Wesentlich flachere Flugbahn als beim Clear.
➤ Nur knapp außerhalb der Reichweite des Gegners geschlagen.
➤ Schnelle Schlagbewegung mit Treffpunkt vor dem Körper.
➤ Erhöhter Kraftaufwand.

Unterschiedliche Flugkurven beim Angriffs- und Verteidigungsclear

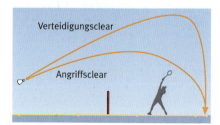

Schlagvarianten 73

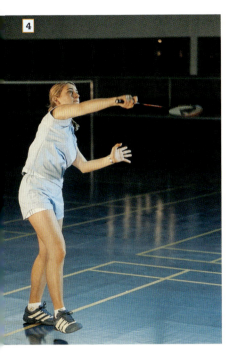

Tipp:
Überraschen Sie den Gegner beim Schlag aus dem Umsprung statt eines Smash mit einem Angriffsclear.

Wichtig:
Gestalten Sie das Spiel nur dann schneller, wenn Sie sicher sind, jeden Rückschlag erlaufen zu können. Anderenfalls ist es günstiger, durch platzierte Schläge das Spiel fortzusetzen.

Übungsformen
➤ Partner spielt mit VH-Clear zu: Rückschlag als Angriffsclear.
➤ Partner spielt jeden Ball als Clear zu: Rückschlag als Drop oder Angriffsclear.
➤ Den Angriffsclear abwechselnd auf die VH- und RH-Seite des Partners schlagen: Rückschlag als Clear.

Fehler – Fehlerkorrektur
• Der Gegner hat genügend Zeit für einen genauen Rückschlag:
➤ Ball flacher schlagen, Balltreffpunkt vor den Körper verlagern, Unterarmeinsatz verstärken.
➤ Den Gegner beobachten und seine Laufrichtung für den eigenen Schlag beachten.
• Die Flugbahn ist zu kurz bzw. zu weit:
➤ Schnellkräftigere Schlagbewegung bzw. Krafteinsatz dosieren.

Zweck
➤ Überspielen des Gegners zum direkten Punktgewinn.
➤ Den Gegner zu einem Rückschlag aus der Bedrängnis zwingen.
➤ Spiel schneller gestalten.

Anwendung
➤ Aus dem Grundlinienbereich ist der Angriffsclear oftmals ebenso wirkungsvoll wie ein Smash (z. B. Annahme des hohen Aufschlags).
➤ Überspielen eines Gegners, der sich noch in der Vorwärtsbewegung befindet, um ihn in eine bedrängte Situation zu bringen.

Drop mit Seitenschnitt

Zu den Möglichkeiten, den Gegner durch eine Schlagfinte zu einer Bewegung in die falsche Richtung zu verleiten, gehört auch der Drop mit einem Seitenschnitt.

Voraussetzung
VH-Drop bzw. RH-Drop.

Merkmale
➤ Die Schlagausführung gleicht bis kurz vor dem Treffpunkt der jeweils beschriebenen Technik.
➤ Kurz vor dem Treffpunkt wird der Schlägerkopf durch entsprechenden Handgelenkeinsatz so gedreht, dass der Ball seitlich gestreift wird.
➤ Der Schlagbewegung folgt ein deutlicher Ausschwung.
➤ Durch die Schlagbewegung kann für den Gegner ein Clear vorgetäuscht werden, da der Ball seitwärts zur Schlagrichtung davonfliegt.

Zweck
➤ Dem Gegner eine andere Flugbahn vortäuschen.

Anwendung
➤ Geschnittener Drop von der VH-Seite als diagonalen Ball aus der hinteren rechten Spielfeldecke.
➤ Geschnittener Drop mit Umsprung aus dem Bereich »Links vom Kopf« in der hinteren linken Spielfeldecke ausgeführt.

Wichtig:
Je größer der beabsichtigte Schnitt, desto schneller und stärker muss die Schlagbewegung sein.

Übungsformen
➤ Zuspiel mit Unterhandclear: VH-Drop mit Seitenschnitt diagonal.
➤ Nach Zuspiel: geschnittenen Drop »Links vom Kopf«.
➤ Zuspiel abwechselnd in die hinteren Spielfeldecken: jeweils VH-Drop bzw. Drop »Links vom Kopf« diagonal.

Fehler – Fehlerkorrektur
• Ball geht ins Netz:
➤ Intensive Schlagbewegung, auf richtigen Treffpunkt achten.
• Ball fliegt zu hoch:
➤ Schnitt verstärken, Treffpunkt beachten.
• Ball fliegt zu weit:
➤ Schlagbewegung dosieren, Schnitt verstärken.

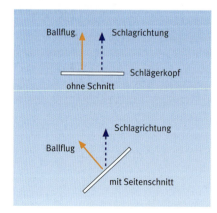

Schlagvarianten

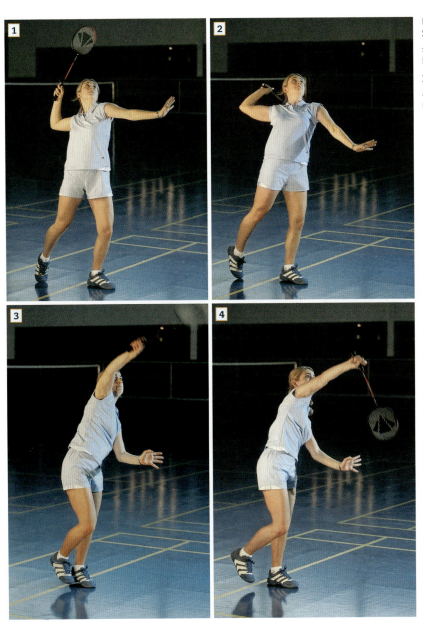

Drop mit Seitenschnitt:

1 + 2 Ausholen

3 Treffphase

4 Ausschwung

Technik

1 Ausholen
2 + 3 Treffphase
4 Ausschwung

»Gewischter Drop«

Der gewischte Drop stellt eine andere Variante des Schnittes dar. Der Schläger wird, ähnlich dem Wischen, beim »Spiel am Netz« quer zur Flugrichtung des Balles geführt. Nach der Ausholbewegung wird der Schläger in der Schlagbewegung kurz vor dem Treffpunkt seitlich abgekippt. Dies geschieht durch eine schnellkräftige Drehung im Oberarm. Der Ellenbogen wird dabei gebeugt. Es erfolgt keine Handgelenkbewegung. Zweck ist, dem Gegner eine andere Schlagart und Richtung vorzutäuschen. Der Ball verlässt den Schläger senkrecht zur Besaitung als Drop, obwohl der Schlägerkopf eine hohe Geschwindigkeit hat.

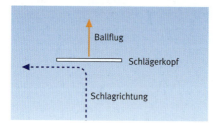

Tipp:
Die Ausholbewegung sollte sich nicht merklich von den anderen Schlagarten unterscheiden.

Schlagvarianten

Tolle Dynamik beim Herreneinzel

Technik

RH-Abwehr mit Unterschnitt

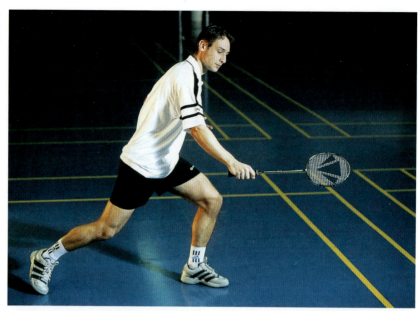

Schläge mit Unter-/Oberschnitt

Im Gegensatz zu dem hauptsächlich im Überhand- und Überkopfbereich ausgeführten Seitenschnitt ist ein Unter-/Oberschnitt nur im Unterhand- und Seitenhandbereich möglich; meist zur Abwehr von Schmetterbällen sowie nach schnellen Drops.

Voraussetzung
Beherrschen des Unterhandclears (VH und RH).

Merkmale
Unterschnitt:
➤ Kürzere und langsamere Flugbahn des Balles als beim normalen Unterhanddrop.
➤ Unterarmdrehung und Handgelenkeinsatz werden nicht oder nur gering durchgeführt.
➤ Schläger wird schräg unten unter dem Ball hindurchgeführt.

Schlagvarianten 79

VH-Abwehr mit Unterschnitt

Zweck
Unterschnitt:
➤ Den Gegner von der Grundlinie nah ans Netz locken (langer Laufweg!).
➤ Als Abwehr, Verhinderung von weiteren Schmetterschlägen.

Merkmale
Oberschnitt:
➤ Längere, aber schnellere Flugbahn des Balles als beim normalen Unterhanddrop.
➤ Sehr intensive und frühzeitige Unterarmdrehung und Handgelenkeinsatz.
➤ Treffpunkt weit und brusthoch vor dem Körper.
➤ Schläger wird in der Schlagbewegung über den Ball gekippt.

Zweck
Oberschnitt:
➤ Aggressive Abwehr, um möglichst zum eigenen Angriff übergehen zu können.

Anwendung
➤ Unterschnittene Bälle werden unter taktischen Aspekten besonders im Einzel nach Smash und schnellem Drop gebraucht, so dass der Gegner nach langem Laufweg bis ans Netz zu einem hohen Rückschlag gezwungen wird.
➤ Nach einem schlechten Smash des Gegners verführt eine aggressive Abwehr mit Oberschnitt den Gegner oft zu unüberlegten und ungenauen Schlägen.

Technik

Links:
RH-Abwehr mit Oberschnitt

Rechts:
Aggressive Abwehr mit der VH

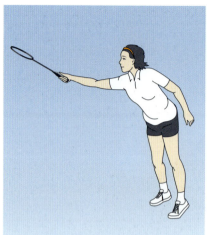

➤ Im Doppel dient die flache, schnelle Flugbahn durch den Oberschnitt dazu, dem netznahen Spieler der angreifenden Gegenseite den Rückschlag zu erschweren.

Wichtig:
➤ Je tiefer der Treffpunkt und je weiter hinten ein Smash des Gegners ausgeführt wird, desto günstiger ist eine Abwehr mit Oberschnitt.
➤ Der Schläger sollte frühzeitig angehoben werden, um den Ball möglichst hoch treffen zu können.
➤ Bei richtig ausgeführtem Oberschnitt erfolgt ein Abdruck so, dass der Körper »in den Ball hinein« bewegt wird.
➤ Nach aggressiver Abwehr sofort den Schläger hochnehmen und den entstandenen Vorteil im nächsten Schlag konsequent nutzen.

Übungsformen
➤ Nach schnellem Drop Unterhanddrop mit Unterschnitt parallel zur Seitenlinie.
➤ Nach Smash Abwehr als Unterhanddrop mit Unterschnitt.
➤ Nach Smash aggressive Abwehr als Unterhandschlag mit Oberschnitt.
➤ Partner spielt vom Netz aus mäßig stark nach unten geschlagene Bälle in die hintere Spielfeldhälfte; weicher Rückschlag mit Unterschnitt bzw. scharfer Rückschlag mit Oberschnitt flach über das Netz.

Fehler – Fehlerkorrektur
Unterschnitt:
● Ball zu kurz:
➤ Unterschnitt verringern.
● Ball zu hoch über dem Netz:
➤ Treffpunkt höher legen, Unterschnitt zu stark.

Schlagvarianten 81

Oberschnitt:
- Ball im Netz:
➤ Ball höher vor dem Körper treffen.
- Ball zu langsam:
➤ Treffpunkt vorverlegen, intensiver Unterarmeinsatz.
- Flugbahn zu hoch:
➤ Oberschnitt verstärken, Treffpunkt höher legen.

Allgemeine Hinweise
➤ Unterhand- und Seithandschläge sind mit der RH besser auszuführen als mit der VH.
➤ Eine aggressive Abwehr (Oberschnitt) ist im Seithandbereich wirkungsvoller als im Unterhandbereich.
➤ Nutzen Sie einen hohen Treffpunkt für den günstigsten Schlag.

»Töten« am Netz in Perfektion

Taktik

Allgemeine Bemerkungen

Übertragen auf den Wettkampfsport bedeutet Taktik das zweckbestimmte Handeln und Verhalten unter Einsatz der sportartspezifischen Technikformen im Rahmen der geltenden Spielregeln. Da beim Badminton das taktische Verhalten der Spieler einen sehr stark leistungsbestimmenden Faktor darstellt, sollte sich jeder Spieler mit den Grundprinzipien der Taktik vertraut machen. Ob ein vorher erarbeiteter taktischer Plan in die Realität umgesetzt werden kann, hängt u. a. von folgenden Einflüssen ab:
➤ äußere Bedingungen
➤ eigenes Leistungsvermögen (Stärken und Schwächen)
➤ Leistungsvermögen des Gegners

Das taktische Konzept sollte also unter Berücksichtigung der äußeren Bedingungen die eigenen Stärken und die gegnerischen Schwächen ausnutzen.

Äußere Bedingungen

Dazu gehören:
➤ Spielgeräte (Ball, Schläger)
➤ Spielstätte (Hallenboden, Licht, Hallenhöhe, Nachbarfelder)
➤ Zuschauer
➤ Schiedsrichter
➤ Anreise

Spielgeräte

Ball
Die Flugeigenschaften und Abmessungen des Federballes sind in den Spielregeln weitestgehend vorgeschrieben. Viele Spieler neigen dazu, mit zu langsamen Bällen zu spielen. Durch geschicktes Testen des Balles versuchen sie, korrekte Flugeigenschaften vorzutäuschen.

Tipp:
Auch im Training mit regelgerechten Bällen spielen, möglichst mit der im Wettkampf benutzten Marke. Die Flugeigenschaften der Bälle vor dem Spiel immer selbst testen.

Schläger
Vor dem Spiel die Besaitung überprüfen. Ersatzschläger ebenfalls kontrollieren und bereitlegen.

Spielstätte

Licht
Beim Einspielen die Lichtverhältnisse überprüfen. Auf beiden Spielfeldseiten einige Schläge ausführen. Auf Sonnenlichteinfall achten. Entsteht ein Nachteil durch Sonnenlichteinfall, so sollte auf

Äußere Bedingungen 83

die Tageszeit geachtet werden: Eventuell ist die Sichtbehinderung in den nächsten 15 Minuten, also wahrscheinlich nach Ablauf des ersten Satzes, verschwunden. Dann zuerst die gute Seite wählen.

> **Tipp:**
> Bei der Seitenwahl im Regelfall die schlechtere Seite wählen (oft die den Zuschauern oder der Hallenmitte zugewandte Seite), denn in der letzten Spielphase des dritten Satzes ist man auf der besseren Hälfte.

Orientierung

In fremden Hallen ist es ratsam, als Orientierungshilfe für den hohen Aufschlag einen Punkt an der Decke (Lampe, Balken) anzuspielen, um eine optimale Flugbahn zu erzielen.

> **Tipp:**
> Vor dem Spielbeginn mehrere Aufschläge ausführen. In Hallen mit glatten Fußböden ein feuchtes Tuch besorgen und neben das Spielfeld legen, um die Schuhsohlen bei Spielunterbrechungen feucht abwischen zu können. Kurzes Überstreichen der Schuhsohlen mit den schweißnassen Händen erzielt einen Doppeleffekt:
> 1. die Schuhe werden stumpfer,
> 2. mit den nun trockenen Händen ist der Griff besser.

Wichtig:
In größeren Hallen finden oft mehrere Spiele gleichzeitig statt. Durch Aktionen auf Nachbarfeldern nicht ablenken lassen.

Zuschauer

Besonders nervenschwächere Spieler lassen sich leicht durch Ereignisse unter den Zuschauern beeinflussen.

> **Tipp:**
> Geräuschpegel als selbstverständlich hinnehmen. Aufschlag erst ausführen, wenn wieder Ruhe eingetreten ist.

Schiedsrichter

Entscheidungen des Schiedsrichters sind Tatsachenentscheidungen und somit endgültig! Proteste stören nur die eigene Konzentration.

Wichtig:
Nicht der Schiedsrichter, sondern die eigene Leistung entscheidet ein Spiel.

> **Tipp:**
> »Fehl«entscheidungen des Schiedsrichters ungerührt anerkennen.

Anreise

Zeitplanung so gestalten, dass die Ankunft mindestens 1 Stunde vor Spielbeginn erfolgt.

84 | Taktik

Grundsätze der Spieltaktik

Grundsätze der Spieltaktik

Die eigenen technischen Fähigkeiten, wie auch die des Gegners, müssen frühzeitig vor dem Spiel richtig eingeschätzt werden. Hilfreich sind dabei Spielbeobachtung und Spielanalyse der Gegner.

Taktische Grundregeln

Sicher spielen
Viele Spiele werden durch die Fehler der Gegner gewonnen. Den Ball daher sicher schlagen. Unnötiges Risiko auf jeden Fall vermeiden.

Rückhand-Überhand vermeiden
Nur wer die Vorhand schlägt und die Rückhand unterläuft, hat das Gesicht dem Gegner zugewandt und kann ihn beobachten.

Kampf um jeden Ball
Auch bei noch so hohem Rückstand sollte um jeden Ball gekämpft werden. Das Spiel ist erst nach dem letzten Punkt entschieden. Dieser Grundsatz ist elementar und sollte immer beherzigt werden.

Taktik nicht ohne Grund ändern
Erst wenn sich eine Taktik als nicht erfolgreich erweist, sollte die Spielweise geändert werden.

Konzentration beim Aufschlag
Der Aufschlagende ist im Vorteil. Deshalb: Konzentration, keine Hektik.

Taktik des Einzelspiels

Ausgangsposition
Ausgehend von der Spielidee, den Federball in das gegnerische Spielfeld zu schlagen, muss der Spieler bei jedem Schlag des Gegners damit rechnen, jeden Punkt seiner Spielfeldhälfte gleich gut erreichen zu müssen. Die günstigste Startposition ist die Mitte der Spielfeldhälfte (Position 0, siehe Grafik). Von dieser Position aus hat der Spieler zu jedem Eckpunkt den gleichen Weg zurückzulegen.

Wichtig:
Er muss seine Bälle so schlagen, dass die Flugzeit ausreicht, um diesen Zentralpunkt immer wieder zu erreichen. Sollte die Zeit einmal nicht ausreichen, dann nie hastig und unter allen Umständen die Ausgangsposition anlaufen, sonst wird man vom Gegner leicht auf dem »falschen« Fuß erwischt.

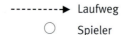

- - - - - - ▶ Laufweg
○ Spieler

Tipp:
In dem Moment, in dem der Gegner den Ball schlägt, kurzzeitig verharren.

Spieleröffnung

Aufschlagart
Beim Einzel grundsätzlich den hohenweiten Aufschlag bis auf die Grundlinie spielen. Nur wenn es die gegnerische

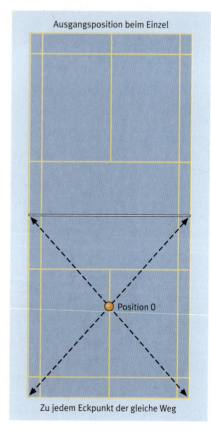

Ausgangsposition beim Einzel

Position 0

Zu jedem Eckpunkt der gleiche Weg

Taktik des Einzelspiels

Annahmestellung erfordert, sollte eine Aufschlagvariante gewählt werden.

Aufschlag und Aufschlagannahme

Der Aufschlag wird nahe der Mittellinie, ca. eine Schlägerlänge hinter der vorderen Aufschlaglinie, ausgeführt. Grund: kurzer Weg zur Ausgangsposition. Kommt der Ball beim hohen Aufschlag grundsätzlich zu kurz (weit), soll man den Punkt der Aufschlagausführung nach vorn (hinten) verschieben.
Der Rückschläger nimmt den Aufschlag grundsätzlich mit der Vorhand an. Das bedingt die Positionen für die Annahme.

Zielbereich des Aufschlags

Der Aufschlag sollte bis zur Grundlinie nahe der Mittellinie geschlagen werden. Grund: Der Gegner ist gezwungen, seinen Return diagonal zu schlagen. Das bedeutet eine längere Flugzeit oder die Chance, dass der Ball durch die eigene Reichweite geschlagen wird.

Grundsätze des Einzelspiels

Für den Spielverlauf gelten neben den schon genannten allgemeinen Merksätzen weitere taktische Grundregeln für den Einzelspieler:

1. Den Gegner zum Laufen zwingen

Das gelingt am besten, wenn die 4 Spielfeldecken in unregelmäßiger Reihenfolge mit variantenreichen Schlägen angespielt werden. Der Gegner ermüdet schnell, schlägt in Bedrängnis unkontrollierter und macht Fehler.

2. Nie durch die Reichweite des Gegners spielen

Er kann dann aus dem Stand sehr kontrolliert schlagen, und vor dem eigenen Rückschlag bleibt keine Zeit, um wieder in die Ausgangsposition zu gelangen.

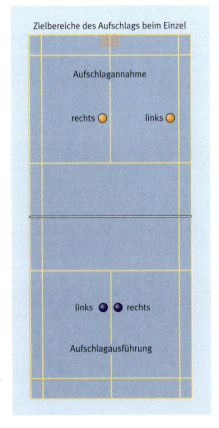
Zielbereiche des Aufschlags beim Einzel

Konzentration: Eine Voraussetzung für gutes taktisches Spiel

3. Den Ball beobachten

Schlagfinten und Körpertäuschungen sind nicht so gefährlich, wenn der Ball früh angesehen wird.

4. Nicht von der Grundlinie schmettern

Der Federball ist bei einem Schmetterball anfangs sehr schnell, verliert aber auch rasch an Geschwindigkeit. Bei Schmetterbällen von der Grundlinie kommt der Ball somit relativ langsam ins gegnerische Feld und ist leicht als Angriffsschlag zurückzuspielen. Daher nur aus aussichtsreicher Position schmettern.

> **Tipp:**
> Nur sehr gute Spieler können den Smash von der Grundlinie wagen.

5. Richtig zum Ball stehen

Genaue und sichere Schläge sind nur bei richtiger Stellung zum Ball möglich. Deshalb auf eine gute Lauftechnik, basierend auf einer guten Kondition, achten.

6. Beim Spiel am Netz: Schläger hoch und am Netz bleiben

Der Gegner hat bei gut am Netz abgelegten Bällen nur zwei Möglichkeiten:
■ Er spielt den Ball am Netz zurück; dann stehen Sie schon vorn und können den Ball evtl. »töten«, »wischen« oder »stechen«.
■ Er spielt den Ball als Unterhandclear; dann haben Sie genügend Zeit, um den Ball erlaufen zu können.

7. Gegnerische Schwächen erkennen und ausnutzen

Beispiele:
Konditionsschwache Spieler viel laufen lassen. Rückhandschwache Spieler oft auf der Rückhandseite anspielen.

Wichtig:
Schnelle Spieler verdecken diese Schwäche durch Unterlaufen in die Vorhand und schlagen dann nicht selten gefährliche Angriffsschläge.
Bei großen Spielern auf den Körper spielen. Dies erschwert ihnen den Rückschlag.
Vorsicht allerdings bei Diagonalbällen: Große Spieler haben auch eine größere Reichweite.

Taktik des Doppelspiels

Die richtige Taktik in einem Doppelspiel hängt von den Spielmöglichkeiten und dem gegenseitigen Verständnis der beiden Partner ab. Die Tatsache, dass das Aufschlagfeld beim Doppelspiel um 76 cm kürzer ist und jeder der Spieler ein kleineres Feld im Vergleich zum Einzel abzudecken hat, führt dazu, dass grundsätzlich nur harte und konsequente Angriffsschläge zum Erfolg führen.

Taktik

Abzudeckende Bereiche beim Spiel »nebeneinander«

Abzudeckende Bereiche beim Spiel »hintereinander«

Doppeltaktik für Freizeitsportler

Handelt es sich um Anfänger mit geringen technischen Fertigkeiten, ist es ratsam, die Doppeltaktik auf ein Minimum zu reduzieren.
Grundsatz: Die abzudeckenden Spielfeldbereiche eindeutig zuordnen.

1. Spiel »nebeneinander«
Jeder Spieler ist für eine Spielfeldhälfte, getrennt durch die Mittellinie, verantwortlich. Gewechselt wird jeweils, wenn es die Aufschlagregel erfordert. Gefährdet ist der Bereich um die Mittellinie.

➤ Eine gute Taktik muss die Stärken beider Partner herausstellen.
➤ Laufverhalten und Stellungsspiel müssen optimal aufeinander abgestimmt sein. Beide Spieler müssen wissen, wer in welcher Situation welche Aufgabe zu erfüllen hat.

Wichtig:
Den Partner möglichst häufig loben und bei Fehlleistungen ermutigen.

Taktik des Doppelspiels

Dort gelten die **Grundsätze:**
➤ Vorhand geht vor Rückhand.
➤ Bei diagonalen Schmetterbällen ist der zuständig, auf den der Ball zufliegt.

Vorteile des Spiels »nebeneinander«
➤ Klare Aufgabenverteilung.
➤ Günstige Stellung bei der Verteidigung, da bei Schmetterbällen die gesamte Spielfeldbreite abgedeckt ist.

Nachteile des Spiels »nebeneinander«
➤ Schwache Spieler können oft an- bzw. ausgespielt werden, ohne dass der Partner helfend eingreifen kann.

➤ Ungünstige Stellung beim Angriff des Partners, da der Return kaum über der Netzkante angenommen werden kann.

2. Spiel »hintereinander«

Es wird bevorzugt gespielt, wenn einer der beiden Partner schwächer ist. Der schwächere Spieler ist dann für den Bereich vom Netz bis zur vorderen Aufschlaglinie verantwortlich. Der stärkere Spieler deckt das restliche Spielfeld ab.

Für den Netzspieler gilt
Nur solche Bälle annehmen, die vor dem Körper geschlagen werden können.

Linke Seite: Stellung beim Spiel hintereinander

Unten: Stellung beim Spiel nebeneinander

Vorteile des Spiels »hintereinander«
➤ Klare Aufgabenverteilung.
➤ Der schwächere Spieler deckt einen kleineren Bereich ab.
➤ Beim Angriff kann ein schlechter Return vom Netzspieler leicht »getötet« werden.

Nachteile des Spiels »hintereinander«
➤ Beim gegnerischen Angriff hat der Netzspieler kaum Zeit zu reagieren.
➤ Dem Rückraumspieler wird vom Partner die Sicht verdeckt.

Doppeltaktik für Leistungssportler

Beim modernen Doppelspiel nehmen die Spieler im Angriff die Stellung hintereinander (Angriffsstellung) und in der Abwehr die Stellung nebeneinander (Verteidigungsstellung) ein.
Bei Partnern, die sich »blind« verstehen, findet der schnelle Übergang vom Angriff zur Verteidigung oder umgekehrt ohne Schwierigkeiten statt.

Tipp:
Erhält der Partner einen hohen Ball: Angriffsstellung. Erhält der Gegner einen hohen Ball: Verteidigungsstellung. Beim Wechsel von einer Position in eine andere: den kürzesten Weg laufen.

1. Aufschlag und Aufschlagannahme
Beim Aufschlag nehmen aufschlagende und annehmende Paarungen jeweils Angriffsstellung ein. Beide Paare versuchen, sofort in den Angriff zu gelangen und den Gegner in die Verteidigung zu drängen.

Merksätze für den Aufschläger
➤ Grundsätzlich mit dem kurzen Aufschlag beginnen.
➤ Auch taktische Varianten des Aufschlags anwenden (Swip, flach-weiter Aufschlag).

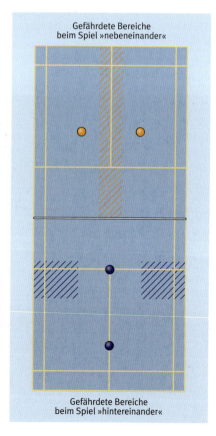

Gefährdete Bereiche beim Spiel »nebeneinander«

Gefährdete Bereiche beim Spiel »hintereinander«

Taktik des Doppelspiels

Merksätze für den Aufschlagannehmer
➤ Den kurzen Aufschlag möglichst über der Netzkante annehmen.
➤ Auf Aufschlagvarianten gefasst sein.

2. Spiel in Angriffsstellung
Grundsätze
➤ Den Ball möglichst nicht hoch zurückspielen.
➤ Netzspieler: den Schläger hochhalten.
➤ Diagonale Smashs vermeiden.
➤ Ziele des Smash: die Mitte zwischen den Gegenspielern oder der Körper eines Gegners.
➤ Auf den Spieler mit der schwächeren Abwehr schmettern.
➤ Auch Drops sind Angriffsschläge.

3. Spiel in Verteidigungsstellung
Grundsätze
➤ Den Ball möglichst früh annehmen.

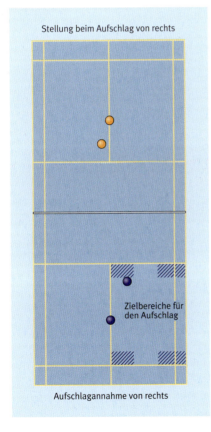

Stellung beim Aufschlag von rechts
Zielbereiche für den Aufschlag
Aufschlagannahme von rechts

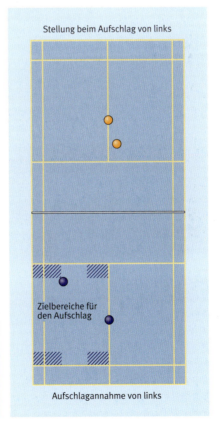

Stellung beim Aufschlag von links
Zielbereiche für den Aufschlag
Aufschlagannahme von links

Taktik

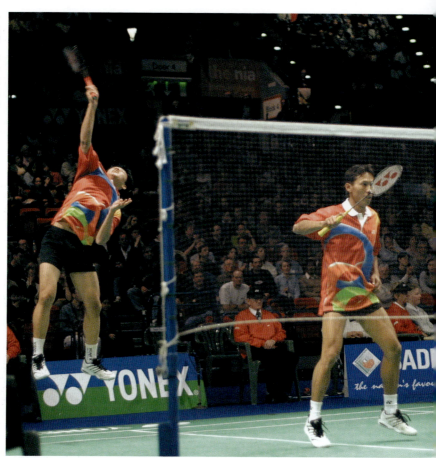

Herrendoppel im Angriff

Rechte Seite: Angriffsaktion beim Spiel am Netz

➤ Bei der Abwehr nicht zu weit vom Netz entfernen.
➤ Flach und scharf zurückspielen.
➤ Aggressiv abwehren.
➤ Möglichst selbst in den Angriff gelangen.
➤ Nicht durch die Reichweite des gegnerischen Netzspielers spielen.
➤ Nicht hoch zurückspielen.

Taktik des Damendoppels

Für Damen gilt der unbedingte Drang zum Angriff nur mit gewissen Einschränkungen, da sie aufgrund ihrer Konstitution im Allgemeinen nicht so hart und ausdauernd schmettern können. Angriffsclear und geschnittener Drop sind hier sehr wirksam.

Taktik des gemischten Doppels

Im Allgemeinen sind Damen ihren männlichen Partnern in konstitutioneller Hinsicht unterlegen. Außerdem ist die Grundeigenschaft »Kraft« nicht so ausgeprägt. Das gemischte Doppel sollte deshalb in der Regel in Angriffsstellung gespielt werden:
Dame vorn, Herr hinten
Haben die Partner etwa die gleiche Spielstärke, sollte eine »normale« Doppeltaktik angewendet werden.

1. Aufschlag und Aufschlagannahme
➤ Beim Aufschlag des Herrn steht die Dame links vor dem Herrn an der vorderen Aufschlaglinie.
➤ Bei der Annahme des Herrn steht sie ebenfalls links vor ihm.
➤ Beim Aufschlag oder der Annahme der Dame steht der Herr etwas weiter hinten als bei der Doppeltaktik für Fortgeschrittene.

Taktik

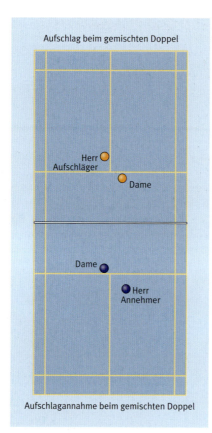

Aufschlag beim gemischten Doppel

Herr Aufschläger
Dame
Dame
Herr Annehmer

Aufschlagannahme beim gemischten Doppel

schen Angriff eine seitlich versetzte Stellung ein. Die Dame steht hinter der vorderen Aufschlaglinie diagonal zum angreifenden Herrn. Sie hat dadurch einen größeren Abstand zum Angreifer und somit mehr Zeit zur Abwehr (Schlägerkopf in Kopfhöhe vor dem Körper, gebeugte Knie). Der Herr hat in dieser Stellung Sichtfreiheit, muss allerdings zusätzlich einen Bereich vorn am Netz abdecken und sehr dynamisch spielen.

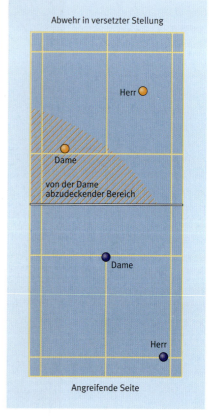

Abwehr in versetzter Stellung

Herr
Dame
von der Dame abzudeckender Bereich

Dame
Herr

Angreifende Seite

Tipp:
Nimmt der gegnerische Herr an: kurzer Aufschlag.
Nimmt die Dame an: öfter Swip oder flach-weiten Aufschlag wählen.

2. Verteidigung im gemischten Doppel

Um die schon erwähnten Nachteile der Stellung »hintereinander« auszugleichen, nehmen die Partner beim gegneri-

Training

Allgemeine Grundsätze

Für den Freizeitbereich müssen die folgenden Merkmale eines Trainings nicht unbedingt gelten, im Wettkampfsport sind sie jedoch uneingeschränkt zu berücksichtigen. Doch der Anfänger und der Freizeitsportler können von den Erkenntnissen der Trainingslehre profitieren.
Durch Training kann erreicht werden:
➤ körperliche und geistige Anpassungsvorgänge für Belastungen
➤ allgemeines Wohlbefinden
➤ Erhaltung und Steigerung der individuellen Leistungsfähigkeit
Dazu sollte ein Training
➤ regelmäßig durchgeführt werden,
➤ systematisch und planmäßig sein,
➤ dem individuellen Leistungsstand des Sportlers angepasst sein.

Weiterhin sollten günstige Rahmenbedingungen vorhanden sein:
➤ hohe Halle, mehrere Spielfelder
➤ höchstens 4 Spieler pro Feld
➤ mindestens 2 Trainingseinheiten pro Woche (z. B. Dienstag und Donnerstag)
➤ Trainingszeiten am Nachmittag oder am frühen Abend

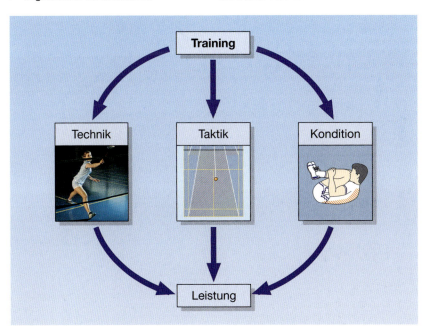

Periodisierung des Trainings

Im Wettkampf- und Leistungssport ist es unerlässlich, das Training in verschiedene Phasen zu unterteilen, da der Sportler sein Höchstleistungsniveau nicht das ganze Jahr über halten kann.

Deshalb werden unterschieden:
➤ Vorbereitungsperiode
➤ Wettkampfperiode
➤ Übergangsperiode

In der Vorbereitungsperiode werden insbesondere die motorischen Grundeigenschaften
➤ Kraft,
➤ Ausdauer,
➤ Schnelligkeit,
➤ Gelenkigkeit
geschult und verbessert, also die allgemeine Kondition gesteigert.

In der Wettkampfperiode ist das Hauptaugenmerk auf die technische und taktische Schulung zu richten.
Die Übergangsperiode ist als Entspannung und Erholung von den vorausgegangenen Belastungen gedacht. Durch Spiele, auch andere als Badminton, sollte das Trainingsjahr ausklingen.

Wichtig:
Der Versuch, das ganze Jahr über einen gleichmäßig hohen Leistungsstand zu erhalten, kann sich nachteilig auswirken. Überforderung, Lustlosigkeit, mangelnde Einsatzfreude des Sportlers im Training und Wettkampf können die Folge sein.

Tipp:
Gestalten Sie das Training interessant und abwechslungsreich. Sorgen Sie dafür, dass die Freude der Teilnehmer erhalten bleibt.

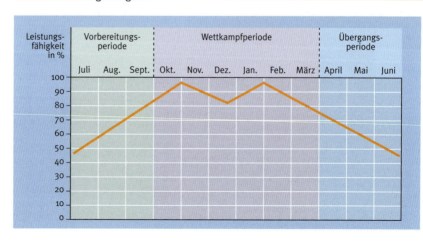

Trainingsbelastung

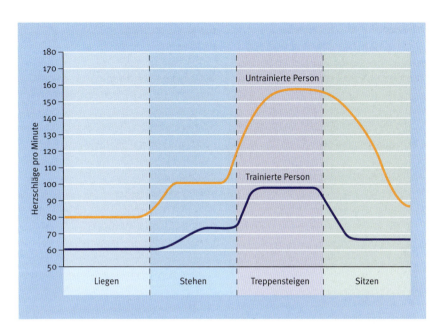

Trainingsbelastung

Die Höhe der Belastung lässt sich im Allgemeinen an der Pulsfrequenz ablesen. Diese ist jedoch auch von folgenden Größen abhängig:
➤ Alter, Geschlecht
➤ Freizeit- oder Leistungssportler
➤ Trainings- und Gesundheitszustand
➤ Tageszeit und Klima

Pulsmessung

Der Pulsschlag kann mit Zeige- und Mittelfinger an der Innenseite des Handgelenks, an der Halsschlagader oder mit der flachen Hand direkt über dem Herzen erfühlt werden. Zählen Sie die Anzahl der Pulsschläge in 15 Sekunden. Mit 4 multipliziert erhalten Sie die Pulsfrequenz pro Minute. Die Größe des erhaltenen Wertes ist abhängig von der vorangegangenen körperlichen Belastung. Während des Trainings sollten Sie direkt nach Belastungen eine erste Pulsmessung vornehmen: Nach 3 Minuten erfolgt die zweite Messung.

Tipp:
Je größer die Differenz zwischen 1. und 2. Pulsmessung, desto besser ist der körperliche Zustand des Sportlers. Der gesunde Sportler erreicht nach ca. 150 Schlägen/Minute (1. Messung) bei der zweiten Messung Werte um 120 Schläge/Minute.

Wichtig:
Um einen Trainingseffekt zu erzielen, sollte der gesunde Sportler bei Belastungen Werte von 140 bis 160 Schlägen/Minute erreichen. Eine erneute Belastung ist erst nach dem Absinken auf ca. 120 Schläge/Minute sinnvoll. Eine Überforderung liegt bei folgenden Merkmalen vor:
➤ Pulsfrequenz sinkt nur langsam ab
➤ starke Rötung oder Blässe im Gesicht
➤ Unwohlsein, Schwindelgefühl
Reduzieren Sie beim nächsten Training die Belastungsgrößen.

Trainingsgestaltung

Beachten Sie bei der Gestaltung Ihres Trainings stets die allgemeinen Grundsätze.
Weitere beeinflussende Faktoren für ein Training sind:
➤ Anzahl der Einheiten pro Woche
➤ Teilnehmerzahl und -struktur
➤ Raumangebot der Halle und Hilfsgeräte
➤ Leistungsstand der Teilnehmer
➤ Zweck der Trainingseinheit

Verlauf der Trainingseinheit

Jede Trainingseinheit sollte aus folgenden Teilen bestehen:
➤ Aufwärmen
➤ Hauptteil
➤ Schlussteil

Für eine Einheit von 90 Minuten bedeutet dies:

Aufwärmen (ca. 10 Min.)
Vorbereitung und Einstimmung auf die kommenden Belastungen. Beginnen Sie mit leichtem Laufen und lassen Sie Gymnastik und Stretching folgen. Danach können Sie Sprint- und Reaktionsübungen durchführen. Ein Aufwärmen sollte auf keinen Fall fehlen.

Hauptteil (ca. 60 Min.)
Verwenden Sie den Hauptteil zur Verbesserung der badmintonspezifischen Fertigkeiten. Nach einem kurzen »Einschlagen« erfolgt je nach Zweck der Einheit eine Verbesserung der technischen und taktischen Elemente des Badminton. Führen Sie auch Trainingsformen möglichst spielnah durch.

Schlussteil (ca. 20 Min.)
Durch den Schlussteil sollte die Trainingseinheit ausklingen. Hierfür sind – außer Badminton selbst – Ballspiele geeignet, bei denen alle Teilnehmer mitmachen können. Außerdem kann der Schlussteil zur konditionellen Verbesserung dienen. Dies kann z. B. durch ein auf Badminton abgestimmtes Zirkeltraining geschehen.

Anfänger-Training

Übungen ohne Spielfeld

Die ersten Versuche, Badminton zu spielen, gestalten sich häufig schwieriger als angenommen. Um den Einstieg zu erleichtern, sind Ballgewöhnungsübungen das geeignete Mittel.

Ballgewöhnungsübungen
➤ Schläger mit Universalgriff fassen, Ball mit dem Schläger hochtippen.
➤ Tippen des Balles, dabei Wechsel von VH und RH.
➤ Ball hochtippen: im Gehen, im Lauf, im Sitzen, hinter dem Rücken, unter einem Bein hindurch usw.

➤ Abwechselnd den Ball kurz und bis unter die Hallendecke spielen.
➤ Staffelwettbewerb: Bälle mit dem Schläger transportieren, Slalomläufe, allein und zu zweit, Balltippen über Hindernisse usw.
➤ Ball mit dem Schläger vom Boden aufheben, VH und RH.
➤ Ball aus der Luft mit dem Schläger weich auffangen, VH und RH.

Übungen zum Zuspiel
➤ Hohen Aufschlag gegen eine Wand ausführen, Abstand: 3 bis 4 Meter.
➤ Hohen Aufschlag gegen die Wand, Auffangen des abtropfenden Balles.
➤ Hohen Aufschlag auf Ziele an der Wand.
➤ Mit dem hohen Aufschlag verschiedene Ziele (Matte, Handtuch, Eimer) in der Halle treffen.
➤ Hohen Aufschlag zum Partner, dieser fängt den Ball mit dem Schläger auf.
➤ Zuspiel zum Partner – Rückschlag – Ball auffangen.

Spiel über einen »Graben«
➤ Partner spielen sich den Ball über einen »Graben« (ca. 4 m breit) zu. Nur VH, oder VH und RH im Wechsel.
➤ Zuspiel zu viert.
➤ Zuspiel in Mannschaften (auch mit mehreren Bällen). Bälle möglichst lange in der Luft halten.
➤ »Chinesisch Badminton«: 2 Mannschaften, 1 Ball; jeder Spieler läuft nach dem Schlag ans Ende seiner Mannschaft.

Ballgewöhnungsübungen machen Spaß und erfordern viel Geschick.

Training

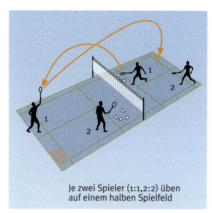

Je zwei Spieler (1:1, 2:2) üben auf einem halben Spielfeld

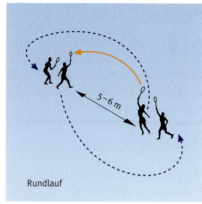

Rundlauf

▶ Rundlauf: Nach jedem Schlag ans Ende der anderen Mannschaft laufen (siehe Grafik).

Tipp:
Viele dieser Übungen eignen sich auch für den guten Spieler zur Verbesserung des Ballgefühls oder der Kondition (Rundlauf mit 3 bis 4 Spielern).

Übungen auf dem Spielfeld

Beschränken Sie sich zum Einüben der Grundschlagarten zunächst auf ein halbes Spielfeld. Dadurch können 2 Paare gleichzeitig auf dem Feld ihre Technik verbessern. Spielen Sie Ihrem Partner genau zu; das erleichtert ihm die Konzentration auf die geforderte Schlagart und Sie üben platziertes Schlagen. Das Zuspiel kann, je nach der zu erlernenden Schlagart, aus einer der Grundschlagarten bestehen. Am häufigsten werden Sie jedoch den hohen Aufschlag und den VH-Überkopfclear verwenden können.

Beispiel
2 Spieler, mehrere Bälle. Hoher Aufschlag als Zuspiel: VH-Überkopfclear auf Ziele im Grundlinienbereich. Zweck: Treffsicherheit und zielgenaues Schlagen. Beachten Sie jedoch, dass gerade für den Anfänger neben der sinnvollen Technikverbesserung der Spaß am Spiel nicht zu kurz kommt. Auch sollten Anregungen und Vorschläge der Mitspieler nach Möglichkeit aufgegriffen werden.

Trainingsformen

Erster Grundsatz für die Gestaltung einer Trainingseinheit:
Niemals nur monotones und langweiliges Einüben, sondern stets abwechslungsreiche, interessante Trainingsgestaltung. Die Freude am Badmintonspiel muss erhalten bleiben. Werden die allgemeinen Grundsätze zum Training beachtet, wird der Erfolg nicht aus-

Trainingsformen

bleiben. Vielfältige Variationen der Trainingsformen entstehen, wenn Sie Folgendes berücksichtigen:

Arten des Zuspiels
➤ Hoch-weit, flach-kurz
➤ Parallel, diagonal, in Zonen
➤ Schnell, langsam
➤ VH, RH

Teilnehmer
➤ Paarweises Üben
➤ Üben zu dritt, zu viert
➤ Gruppen

Hilfsgeräte
➤ Mehrere Bälle je Übungsgruppe
➤ Zauberschnur
➤ Matten, Handtücher
➤ Langbänke, Kästen

Sonstiges
➤ Filme
➤ Phasenbilder
➤ Videoaufnahmen
➤ Tafeln
➤ Literatur

Denken Sie daran, dass dies nur Anregungen sind, die Ihnen helfen sollen, systematisch und planmäßig das Training zu gestalten.

Wichtig:
➤ Jeder Spieler sollte bemüht sein, selbst keinen Fehler zu machen. Sicher spielen!

➤ Werden lang andauernde Schlagkombinationen gefordert, kann der Ball auch aus dem »Aus« weitergespielt werden. Zweck: Ball im Spiel halten.
➤ Ist gefordert, auf »Angriff zu spielen«, muss konsequent und hart geschlagen werden. Zweck: Zum Punkterfolg gelangen.
➤ Spielen/Üben Sie nur so lange, wie Sie konzentriert und freudvoll die gestellten Aufgaben erfüllen können.
➤ Lassen Sie sich von nichtbeteiligten Mitspielern korrigieren.

Spiel 1:1

Die effektivste Art zu trainieren ist das Spiel zu zweit auf dem ganzen Spielfeld:
➤ Häufige Ballkontakte, dadurch intensives Training.
➤ Alle technischen und taktischen Anforderungen des Badminton können geschult werden.
➤ Schlagwechsel innerhalb des ganzen begrenzten Spielfeldes und Anwendung der komplexen Lauftechnik.
Es bestehen drei wesentliche Möglichkeiten für das Training im Badminton:
➤ Schlagkombinationen
➤ Komplexübungen
➤ Spielzüge

Tipp:
Die besten Erfahrungen sammelt man jedoch im Spielfeld selbst. Deshalb sollte auch im Training das regelgerechte Spiel nicht zu kurz kommen.

1. Schlagkombinationen

Art und Abfolge der Schläge ist vorher festgelegt.
Zweck: Verbesserung von technischen Schwächen der Schlagausführung.

Beispiel 1
Schlagart: hoher Aufschlag, VH-Überkopfclear parallel. Nach jedem Schlag Lauf zur Position 0.
Zeit: 5 Minuten.

Beispiel 2
Schlagart: hoher Aufschlag, VH-Clear, Clear »Links vom Kopf« Position 8. Beide Spieler schlagen abwechselnd parallel und diagonal. Spieler A läuft: 0 – 8 – 0 – 6 – 0 – 8 – ...
Zeit: 5 Minuten.

2. Komplexübungen

Im Gegensatz zu den Schlagkombinationen wird die Reihenfolge der Schläge

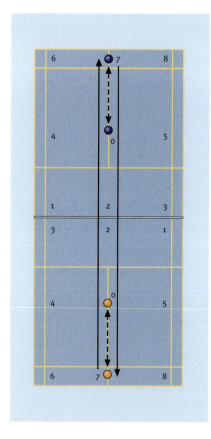
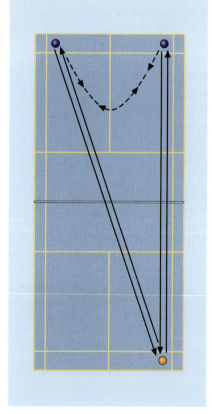

nicht festgelegt, wohl aber die Schlagarten. Dadurch werden die Anforderungen an die Spieler gesteigert. Erhöhte Konzentration und Einsatzbereitschaft für diese Trainingsform sind erforderlich.

Beispiel 1
Schlagart Spieler A: stets Clear als Rückschlag zu B.
Spieler B: unregelmäßig wechselnd Drop und Clear in die Spielfeldecken.
Spieler A versucht, die von B geschlagenen Bälle im Spiel zu halten.
Zeit: jeder Spieler 10 Minuten.

Beispiel 2
Schlagart Spieler A: konsequentes Angriffsspiel mit Smash und Drive.
Spieler B: beide Spieler schlagen nur hoch zurück.
Zeit: Wechsel nach jeweils 5 Minuten oder nach 10 erzielten Punkten von A.

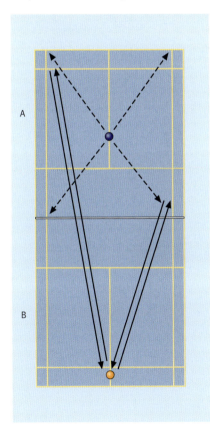
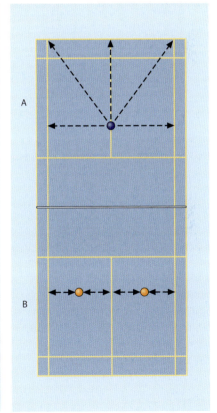

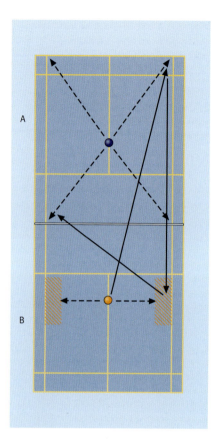 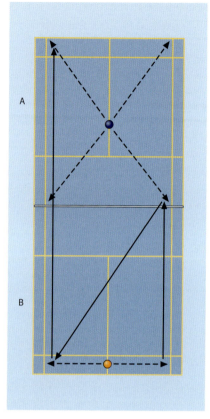

Beispiel 3

Schlagart Spieler A: Smash auf Zonen und »Töten« am Netz.
Spieler B: hohe und kurze Abwehr.
Spieler A versucht bei hoher Abwehr von B Smash auf gekennzeichnete Zonen, bei kurzer Abwehr »Töten« am Netz.
Zeit: jeder Spieler 10 Minuten.

Beispiel 4

Schlagart Spieler A: mit beliebiger Schlagart Zuspiel in den Grundlinienbereich.
Spieler B: beliebige Schlagart (außer Smash), unregelmäßiges Anspiel der Spielfeldecken.
Zeit: Wechsel nach 5 Minuten.

3. Spielzüge

Spielzüge erfordern Konzentration! Standardsituationen des Wettkampfes werden den Spielern bewusst und prägen sich ein. Korrekturen für das taktische Verhalten des einzelnen Spielers können vorgenommen werden. Ebenso eröffnen Spielzüge im Doppel Möglichkeiten zum besseren Verständnis der Spielpartner untereinander. »Blindes Verständnis« zeichnet ein eingespieltes Doppel aus. Außerdem ist diese Trainingsform mit spielgemäßem Charakter dem Wettkampf sehr ähnlich und gestattet einen interessanten, freudvollen Trainingsverlauf.

Für die aufgeführten Beispiele von Spielzügen wird zum besseren Verständnis das Rückspiel des Gegners außer Acht gelassen.

Wichtig:
Jeder Spielzug sollte auch über die vorgegebenen Schlagarten hinaus weitergespielt werden, wenn nicht eine Unterbrechung durch Punktgewinn oder Korrektur eines beobachtenden Spielers erfolgt.

Beispiele für Spielzüge

Spielsystem	Schlagzahl	Schlagart, Richtung
Angriff Einzel	1. Schlag	Hoher Aufschlag VH, Pos. 7
	2. Schlag	VH-Überkopfclear, Pos. 8
	3. Schlag	Geschnittener Drop VH, Pos. 1
	4. Schlag	Angriffsclear VH, Pos. 6
	5. Schlag	VH-Smash, Pos. 5
Abwehr Einzel	1. Schlag	Hoher Aufschlag VH, Pos. 7
	2. Schlag	RH-Clear, Pos. 6
	3. Schlag	RH-Abwehr kurz, Pos. 1
	4. Schlag	RH-Unterhanddrop, Pos. 3
	5. Schlag	VH-Überhandclear, Pos. 8
Angriff Doppel	1. Schlag	Kurzer Aufschlag VH, Pos. 0
	2. Schlag	RH-Drive, Pos. 6
	3. Schlag	VH-Smash, Pos. 5
	4. Schlag	VH-Smash, Pos. 0
Abwehr Doppel	1. Schlag	Kurzer Aufschlag VH, Pos. 0
	2. Schlag	Unterhandclear VH, Pos. 6
	3. Schlag	Hohe Abwehr RH, Pos. 8
	4. Schlag	Flache Abwehr VH, Pos. 4

Gymnastik/Stretching

Gymnastik

Nicht nur der Leistungssportler im Badminton muss über ein hohes Maß an Kraft, Schnelligkeit, Beweglichkeit und Ausdauer verfügen. Gymnastische Übungen und Konditionsformen leisten dafür wertvolle Hilfe. Aber auch zur Erhaltung oder Steigerung der allgemeinen Fitness dienen regelmäßig betriebene Gymnastik- und Konditionsformen. Gymnastik zielt dabei auf die Verbesserung der Muskeltätigkeit und das Beweglichmachen der Gelenke ab. Folgende Reihenfolge sollte stets beachtet werden:
➤ **Lockerung**
➤ **Dehnung**
➤ **Kräftigung**
➤ **Dehnung**

Stretching

Alle Übungen, bei denen Muskeln, Sehnen und Bänder gedehnt werden, gehören zum Stretching.
➤ Die Dehnung muss so weit wie möglich gehen (es darf auf keinen Fall schmerzen).
➤ Die Dehn- oder Streckstellung muss ca. 20 Sekunden gehalten werden.
➤ Dabei gilt folgende Faustregel:
 – die ersten 10 Sekunden = langsam »andehnen«,
 – die zweiten 10 Sekunden = nochmals etwas nachdehnen.

Wichtig:
Jeder Muskel hat einen »Gegenspieler«, der die entgegengesetzte Bewegungsrichtung gestattet (Beuger-Strecker). Um einseitige Belastung zu vermeiden, sollten stets beide Muskeln nacheinander belastet werden.
Die gymnastischen Übungen sollten möglichst alle Körperpartien umfassen: z. B. Unterschenkel – Oberschenkel – Rücken – Bauch – Schultergürtel – Arme. Eine Vielzahl von Übungen stehen hierfür zur Verfügung.
Einige für Badminton besonders geeignete zeigen die nebenstehenden Abbildungen.

Kondition

Spezielle Übungen zur »Kraft«

Für Badminton ist die Größe der Maximalkraft nicht ausschlaggebend. Anforderungen werden insbesondere an die Schnellkraft gestellt:
➤ Strecksprünge mit Zusatzgewicht (Reckstange, Bleiweste).
➤ Medizinball-Übungen.
➤ Sit-ups und Back-ups.
➤ Schwungübungen mit kleinen Hanteln (1 bis 2 kg).
Für das Schnellkrafttraining gilt:
➤ Hohe Bewegungsgeschwindigkeit.
➤ 4 bis 6 Serien mit ca. 10 Wiederholungen.
➤ Pausen etwa 3 Minuten.
Zweck: Verbesserung der Muskelschnellkraft und -ausdauer.

Gymnastik/Stretching

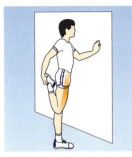

Hier die 8 wichtigsten Stretching-Übungen:

**Wichtig:
Alle Übungen
3 x wiederholen**

1. Übung:
Dehnung der vorderen Oberschenkelmuskulatur

5. Übung:
Dehnung der hinteren Oberschenkelmuskulatur

2. Übung:
Dehnung der Wadenmuskulatur und Achillessehne

6. Übung:
Dehnung der inneren Oberschenkelmuskulatur

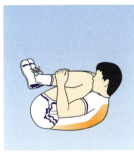

3. Übung:
Dehnung der Rückenmuskulatur

7. Übung:
Dehnung der seitlichen Rumpfmuskulatur

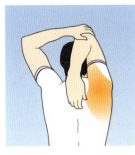
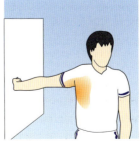

4. Übung:
Dehnung der Schulter- und Oberarmmuskulatur

8. Übung:
Dehnung der Schulter- und Brustmuskulatur

Training

Schnelligkeitsübungen auf dem Spielfeld

Spezielle Übungen zur »Ausdauer«

Am geeignetsten für Badminton sind Bewegungsabläufe in Intervallform. Sie kommen der Spielsituation am nächsten. Aber auch die Grundlagenausdauer muss gefördert werden.
➤ Dauerläufe (bis 30 Min.) mit konstantem Tempo.
➤ Waldläufe in wechselnden Geländeformen.
➤ Intervall-Läufe: 30 bis 60 Sekunden mittlere Geschwindigkeit, anschließend 30 bis 60 Sekunden langsamer Trab; 10 bis 20 Wiederholungen, Pulsfrequenz bei 150 Schläge/Min.
➤ Alle lang andauernden Trainingsformen des Badminton.
Zweck: Anpassung und Verbesserung des Herz-Kreislauf-Systems.

Spezielle Übungen zur »Schnelligkeit«

➤ Sprints über 20 bis 30 m.
➤ Reaktionsübungen, insbesondere auf optische Reize.
➤ Schnelligkeitsübungen auf dem Spielfeld.
Zweck: Verbesserung des Nerven-Muskel-Systems, der Koordination und des Reaktionsvermögens.

Spezielle Übungen zur »Gelenkigkeit«

➤ Alle Dehnübungen aus der Gymnastik. Dehnübungen für Wirbelsäule und Schultergürtel intensiv gestalten.
Zweck: Vergrößerung des Bewegungsumfangs.

Gymnastik/Stretching

Circuit-Training

Hervorragend zur Feststellung und Steigerung der körperlichen Leistungsfähigkeit geeignet ist das Circuit- oder Kreis-Training.

Vorteile
➤ Leicht durchführbar.
➤ Belastungshöhe und -dauer kann individuell festgelegt werden.
➤ Gezielte Verbesserung von Kraft, Ausdauer, Schnelligkeit entsprechend den Anforderungen des Badminton.
➤ Geringer Zeitaufwand am Ende einer Trainingseinheit.
➤ Testergebnisse können sofort ausgewertet werden.

Durchführung
➤ 6 bis 8 Stationen, jede mit 2 Teilnehmern besetzt.
➤ Während eine Person die jeweils geforderte Übung in einer bestimmten Zeit ausführt, stellt die andere das Ergebnis fest, dann Wechsel.
➤ Für jede vollständige Übung innerhalb der Zeit wird ein Punkt gegeben.
➤ Nach allen durchlaufenen Stationen Gesamtpunktzahl feststellen. Je höher das Ergebnis, desto besser die Leistungsfähigkeit.

Merke:
Nach jedem Umlauf sollte die Pulsfrequenz gemessen werden. Nächster Umlauf erst nach Erholung auf 120 bis 130 Schläge/Min.

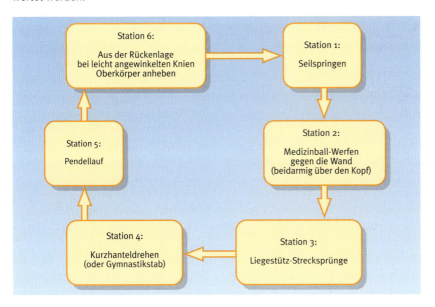

Wettkampf

Neben den Turnierformen, die nach strengen Regeln ausgetragen werden, sind im Freizeitbereich beliebige Veränderungen der bekannten Systeme möglich und können viel Freude bereiten:
➤ Verkürzung oder Verlängerung eines Satzes.
➤ Punktvorgabe für den schwächeren Spieler.
➤ Der stärkere Spieler darf bestimmte Zonen nicht anspielen oder bestimmte Schläge nicht ausführen.
Viel Spaß bringen »Jux-Turniere«:
➤ Spielen Sie doch mal mit der »falschen« Hand.
➤ Spielen Sie doch mal mit einem Luftballon am Schläger.
➤ Spielen Sie in Mannschaften auf einem vergrößerten Feld.

Tipp:
Erfinden Sie selbst Veränderungen!

Turniersysteme für das Einzel und Doppel

Gruppenspiele »Jeder gegen jeden«. Je nach Teilnehmerzahl werden Gruppen mit gleicher Spielerzahl ausgelost. Somit macht jeder Spieler mehrere Spiele und die Reihenfolge der Platzierungen in der Gruppe lässt sich eindeutig angeben. Da jedoch sehr viele Spiele ausgetragen werden müssen, ist der Zeitaufwand erheblich.

	Mo	Jo	Br	Uwe
Monika	–	0:2	1:2	1:2
Jochen	2:0	–	1:2	1:2
Brigitte	2:1	2:1	–	2:1
Uwe	2:1	2:1	1:2	–
Platz	4	3	1	2

Anzahl der Spiele: N
Teilnehmerzahl: n

$$N = \frac{(n-1)\,n}{2}$$

Einfaches K.-o.-System

Dieser Austragungsmodus bedeutet: Wer verliert, scheidet aus. Die Spieler werden in die Turnierliste gelost. Damit die stärksten Spieler nicht gleich aufeinander treffen, können sie »gesetzt« werden. Bei einem Turnier mit 16 Spielern können 4 Spieler »gesetzt« werden. Ihre Positionen sind: 1, 8, 9, 16. Reicht die Liste nicht aus, wird eine Vorrunde ausgetragen; sind weniger Spieler vorhanden, erhalten die »Gesetzten« ein Freilos. Im einfachen K.-o.-System werden häufig Turniere mit großer Teilnehmerzahl ausgetragen.

Doppeltes K.-o.-System

Ein Spieler scheidet erst nach der zweiten Niederlage aus. Jeder kann nach der

Turniersysteme für das Einzel und Doppel

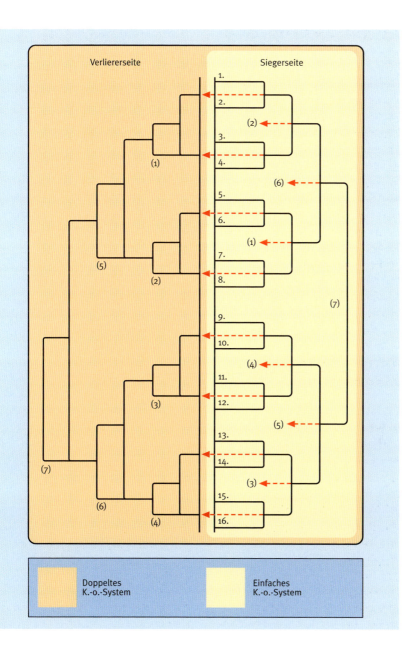

Turnierbogen für »Einfaches« und »Doppeltes« K.-o.-System

ersten Niederlage noch Turniersieger werden. Dazu muss er Sieger der »Verliererrunde« werden und dann den Sieger der Hauptrunde im Endspiel bezwingen. Doch muss der Sieger der »Verliererrunde« bis zum Gewinn des gesamten Turniers erheblich mehr Spiele bestreiten als der Sieger der Hauptrunde!

Für Ranglistenturniere wird auch eine Kombination aus Gruppenspielen und einfachen K.-o.-Systemen angewendet. Bei 32 Teilnehmern werden 8 Gruppen à 4 Spielern gebildet. Gruppenerste und -zweite spielen im einfachen K.-o.-System dann die Plätze 1 bis 16 aus; die Gruppendritten und -vierten entsprechend die Plätze 17 bis 32.

Turniersysteme für Mannschaften

Die Meisterschaften der Verbände und Bezirke für Mannschaften (4 Herren und 2 Damen; je ein Ersatzspieler/in) bestehen je Wettkampf aus acht Wertungsspielen:
- 2 Herrendoppel
- 1 Damendoppel
- 3 Herreneinzel
- 1 Dameneinzel
- 1 Gemischtes Doppel

Jeder eingesetzte Spieler darf in höchstens zwei (verschiedenen) Disziplinen spielen. Bei vier Herren und zwei Damen muss also jeder zwei Spiele bestreiten.

Die Herrendoppel müssen in der Reihenfolge der gemeldeten Spielstärke antreten.

Schulwettkämpfe

Im Wettbewerb »Jugend trainiert für Olympia« besteht eine Schulmannschaft aus 4 Jungen und 4 Mädchen (mindestens 3/3). Um ein Unentschieden zu vermeiden, werden folgende Spiele ausgetragen:
- 1 Jungendoppel
- 1 Mädchendoppel
- 2 Jungeneinzel
- 2 Mädcheneinzel
- 1 Gemischtes Doppel

Internationale Vergleiche

Falls die Nationalverbände nichts anderes vereinbaren, werden Länderspiele wie Mannschaftseuropa- und Mannschaftsweltmeisterschaften ausgetragen:
- 1 Herrendoppel
- 1 Damendoppel
- 1 Herreneinzel
- 1 Dameneinzel
- 1 Gemischtes Doppel

Merke:
Bei allen Mannschaftswettkämpfen gilt: Jeder Spieler/in darf maximal zwei Spiele bestreiten.

Theorie

Vorbemerkungen

Durch das Aneignen von theoretischen Kenntnissen werden folgende Vorteile geschaffen:
- Verständnis für technische und taktische Probleme.
- Praktische Schwierigkeiten werden erkennbar und lösbar.
- Schnellerer Lernerfolg.

Reichweite

Für ein wirkungsvolles Spiel ist der Grundsatz: **Ausnutzen der Reichweite** von ausschlaggebender Bedeutung.

Vorteile
- Verringerung des Laufweges.
- Verbesserte Möglichkeit der Schlagausführung.
- Möglichkeit der Anwendung verschiedener Schlagarten.

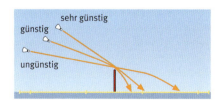

Beispiel
Ein Spieler von 1,75 m Körpergröße verfügt im Stand über eine

Reichweite seitlich

Reichweite oben

- Reichhöhe mit Schläger von ca. 2,70 bis 2,80 m,
- Reichweite seitlich ca. 1,15 bis 1,30 m,
- Reichweite nach vorn ca. 1,20 m.

Somit kann er etwa die halbe Spielfeldbreite und auch einen beträchtlichen Raum nach vorn und oben abdecken.
Für ein schnelles und variantenreiches Spiel ist es wichtig, den Ball möglichst hoch über dem Boden zu treffen.

Treffpunktbereiche

In engem Zusammenhang mit der Reichweite ergeben sich für verschiedene Schlagarten die jeweiligen Treffpunktbereiche. Durch die Netzhöhe bedingt, ist die Ausführung der Schlagarten eingeschränkt. Im Badminton, wo der Ball direkt aus der Luft geschlagen werden muss, haben sich folgende Bereiche ergeben:

Unterhand
Balltreffpunkt liegt unterhalb des Handgelenks der schlägerführenden Hand.

Seithand
Balltreffpunkt liegt seitlich neben dem Körper, etwa in Höhe der Schlaghand.

Überhand
Balltreffpunkt liegt seitlich neben dem Körper, etwa in Kopfhöhe.

Überkopf
Balltreffpunkt liegt direkt über dem Kopf, nur Vorhandschläge.

Links vom Kopf
Ausschließlich Vorhandschläge zur Vermeidung der Rückhand.

Wichtig:
Rückhandschläge sind nur im Unter-, Seithand- und Überhandbereich sinnvoll.

Merke:
Rückhandschläge sollten vermieden werden.

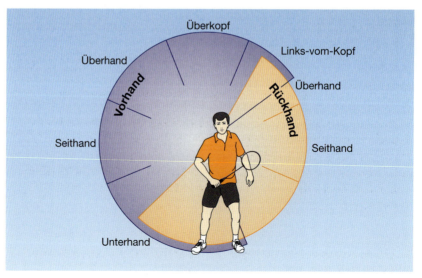

Treffpunktbereiche

Flugbahnen des Balles

Neben der Unterscheidung der Treffpunktbereiche werden im Badminton die Flugbahnen des Federballes zur Erklärung der Schlagarten herangezogen.

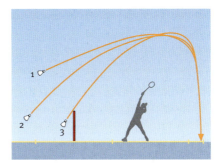

Hoch-weite Flugbahnen:
1 Überkopfschlag
2 Hoher Aufschlag
3 Unterhandschlag

Hoch-weite Flugbahnen (clear)

Zielbereich: Grundlinie.
Zweck: Den Gegner aus der günstigen Spielfeldmitte nach hinten drängen.
Treffpunktbereiche: Aus allen Bereichen durchführbar, Vorhand und Rückhand.

> **Tipp:**
> Alle hoch-weit geschlagenen Bälle sollten erst im Grundlinienbereich vom Gegner erreicht werden können.

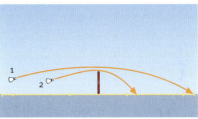

Flache Flugbahnen:
1 Drive
2 Aufschlagannahme

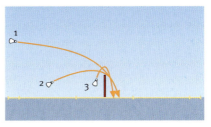

Kurze Flugbahnen:
1 Überkopfschlag
2 Kurze Abwehr
3 Spiel am Netz

Flache Flugbahnen (drive)

Zielbereich: Grundlinie, Seitenlinien.
Zweck: Das Spiel schneller gestalten, den Gegner zu einem hohen Rückschlag verleiten.
Treffpunktbereiche: Seithand, Vorhand und Rückhand.

> **Tipp:**
> Vermeiden Sie diagonale Schläge.

Kurze Flugbahnen (drop)

Zielbereich: Knapp hinter dem Netz.
Zweck: Den Gegner aus der Spielfeldmitte nach vorn locken.
Treffpunktbereiche: Aus allen Bereichen durchführbar, Vorhand und Rückhand.

> **Tipp:**
> Variieren Sie den Schlageinsatz zum Drop.

1 Normaler Smash
2 »Töten«

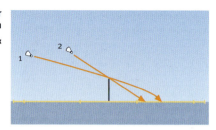

Steile Flugbahnen (smash)

Zielbereich: Möglichst nahe hinter dem Netz.
Zweck: Vollendung einer Spielhandlung, Punktgewinn.
Treffpunktbereiche: Überkopf, Überhand, »Links vom Kopf«.

Tipp:
Steil geschlagene Bälle bringen umso mehr Erfolg, je näher sie am Netz ausgeführt und je härter sie geschlagen werden.

Geschwindigkeit des Balles

Die Rasanz des Badminton wird nicht nur durch die schnellkräftigen und geschmeidigen Bewegungen des Spielers offenkundig.

Anfangsgeschwindigkeit

Ausschlaggebend für die Größe der Anfangsgeschwindigkeit des Federballes beim Verlassen des Schlägers ist der Einfluss biomechanischer Gesetzmäßigkeiten im Schlag.
Bei optimaler Ausführung kann ein guter Spieler beim Schmetterschlag dem Federball eine Anfangsgeschwindigkeit von über 200 km/h erteilen.
Spitzenspieler erzielen Anfangsgeschwindigkeiten bis zu 250 km/h.

Luftwiderstand

Trotz der hohen Anfangsgeschwindigkeit wird ein Rückschlag nicht unmöglich.
Grund: der **Luftwiderstand**.
Die Konstruktion des Balles (Form und Gewicht) bewirkt ein starkes Abbremsen in der Luft. So besitzt ein Schmetterball, aus dem Grundlinienbereich geschlagen,
■ über dem Netz nur noch eine Geschwindigkeit von etwa 100 km/h,
■ im Auftreffen auf dem Boden nur noch eine Geschwindigkeit von ca. 35 bis 45 km/h.

Schlagart	Krafteinsatz	Ballgeschwindigkeit
Smash	sehr stark	sehr hoch
Clear	mittel bis stark	mittel bis hoch
Drive	stark bis sehr stark	hoch
Drop	mäßig	gering bis mittel

Reaktionszeit

Um auf einen gegebenen Reiz (beim Badminton der Ball) eine geordnete Bewegung oder Reaktion ausführen zu können, braucht der Mensch eine bestimmte Reaktionszeit (unter Reaktionszeit muss die Zeit verstanden werden, die gebraucht wird, um auf ein Signal zu reagieren):
- bei optischen Reizen = 0,18 Sekunden
- bei akustischen Reizen = 0,14 Sekunden

Da es sich aber beim Badminton nicht um »Einfach-Reaktionen«, sondern vielmehr um »Mehrfach-Reaktionen« handelt (hierbei ist immer eine Alternativ-Entscheidung notwendig), muss also beim Auftreten des Reizes eine Entscheidung getroffen werden.
Beispiel: Spiele ich mit Vorhand oder Rückhand? Durch diese Entscheidung verlängert sich die Reaktionszeit verständlicherweise. Unter Berücksichtigung dieser Tatsache und der Feststellung, dass beim Badminton grundsätzlich auf optische Reize reagiert wird, kann bei durchschnittlich reagierenden Badmintonspielern mit einer Reaktionszeit von 0,25 Sekunden gerechnet werden. Durch Training und Veranlagung kann diese Reaktionszeit bis zu 30 % und somit auf ca. 0,18 Sekunden verbessert werden.

Übrigens: Diese Verbesserungen der Reaktionszeit haben natürlich positive Auswirkungen auf alle anderen Handlungen in unserem Lebensraum. Ob im privaten oder beruflichen Leben, beim Autofahren, bei Gefahrensituationen: Eine gute Reaktion ist immer von Vorteil!

Antizipation

Unter Antizipation versteht man hier die gedankliche Vorwegnahme einer Handlung. Unter Berücksichtigung der Fakten, dass
- der Ball sehr hohe Geschwindigkeiten erreicht (Anfangsgeschwindigkeiten bei härtesten Schlägen von ca. 260 km/h),
- der Kontakt des Balles auf dem Schläger sehr gering ist (ca. 1/250 Sekunde),
- der Ballkopf vom Schläger nur extrem kurz »geführt« werden kann (maximal 30 bis 50 mm),
- die Reaktionszeit des Menschen beschränkt bleibt (mind. 0,18 Sekunden),
- die Stellung des Schlägers zum Ball exakt sein muss,
- Flugbahn, Schnitt und Treffpunkt des Balles vom Spieler beachtet werden müssen,
- taktische Probleme des Rückschlags überdacht und dann in die Tat umgesetzt werden müssen,

könnte man evtl. zu dem Schluss kommen, dass Badminton gar nicht entsprechend seinem Spielgedanken durchführ-

Theorie

Grundlage der Spielfähigkeit: Antizipation

bar ist. Natürlich beweist die Spielpraxis das Gegenteil. Die Begründung findet sich in der Tatsache, dass der Mensch in der Lage ist, Bewegungen im Voraus zu planen: **Er antizipiert!**

Die Grundlagen für Antizipation

▍ Wahrnehmung der Flugbahn, der Geschwindigkeit, der Richtung **(Wahrnehmungsantizipation)**.
▍ Erfahrung, wie sich die Flugbahn des Balles auswirkt, wie der Schläger gehalten werden muss, wie der Gegner sich bewegt, vor allem aber, wie der Ball, der zum Gegner geschlagen wurde, von diesem mit großer Wahrscheinlichkeit retourniert wird **(Erfahrungsantizipation)**.

So kann Folgendes gesagt werden:
▍ Man spielt umso besser Badminton, je besser **Wahrnehmungsfähigkeit** und **Erfahrung** sind.
▍ Diese Fähigkeiten können durch Training und Wettkampf angeeignet werden.
▍ Beim Aneignungsprozess spielt der gute Trainer eine entscheidende Rolle. Aber auch der Partner kann helfen.

BEWEGUNGSLEHRE

Grundsätze der Bewegungslehre

Die Bewegungslehre beschäftigt sich mit der äußerlich sichtbaren Bewegung und den damit verbundenen inneren Bedingungen unseres Organismus, die zu einer Bewegung führen.

Wie kommt es zu einer Spieltätigkeit?

Bevor man schlägt, laufen folgende Phasen ab:

1. Phase: Wahrnehmung
Der Spieler sollte durch starke Konzentration so viel wie möglich wahrnehmen. Dazu gehören:
- Stellung und Bewegung des Gegners,
- Richtung und Länge des Balles,
- Flugbahn und Geschwindigkeit des Balles.

2. Phase: Analyse
Aufgrund der Wahrnehmungen erfolgt eine Analyse der Gesamtsituation. Dabei spielt die Erfahrung eine große Rolle.

> **Grundsatz:**
> Je erfahrener der Spieler, desto besser kann er analysieren.

3. Phase: Gedankliche Lösung
Nach der Wahrnehmung und Analyse wird unter Berücksichtigung der verfügbaren taktischen Mittel eine geeignete Handlung geplant.

4. Phase: Motorische Lösung
Nach Abschluss der ersten drei Phasen erfolgt dann die Bewegung. Diese Bewegungsausführung ist sozusagen das Produkt der vorangegangenen drei Phasen und für alle sichtbar (Zuschauer, Gegner und teilweise auch für den Spieler).

Wichtig:
Alle vier Phasen überschneiden sich oftmals und sind beim Könner teilweise automatisiert. Erlaubt die Spielsituation keine geplante Handlung mehr (Beispiel: Fehleinschätzung des ankommenden Balles), so kommt es nur noch zu einer **reflexhaften** Bewegung.

Wie kommt es zu einer Bewegung?

Anlass für das Zustandekommen einer Bewegung ist
- die Wahrnehmung einer entsprechenden Situation (z. B. Spielbeginn, Gegner erwartet den Aufschlag),
- das Ziel (z. B. Treffen des Grundlinienbereichs) und der Zweck der Bewegung (Gegner am erfolgreichen Rückschlag hindern),
- der bewusste individuelle Entschluss (z. B. »Ich schlage jetzt auf!«).

Bewegungslehre

Wie kommt es zur Kontrolle einer Bewegung?

Die Körperbewegung wird ständig durch Rezeptoren oder vereinfacht »Fühler«, die in Muskeln, Sehnen und Bändern sind, abgetastet, und zusätzlich kontrollieren die Augen – so weit es geht – die Bewegung. Diese Kontrolle oder Rückmeldung wertet das Gehirn in Erfolg oder Misserfolg aus.

Wie kommt es zu einer Bewegungsberichtigung?

Durch die Fähigkeiten, die Abweichungen von einer richtigen Bewegung als Fehler zu analysieren, ist man also auch in der Lage, diese Fehler zu korrigieren. Oft gelingt es noch, während der Bewegungsausführung Fehler zu korrigieren. Im Regelfall stellt man die Fehler aber erst nach einem Schlag fest.

Wichtig:
Deshalb sofort nach einem Misserfolg den Fehler feststellen, ihn berichtigen und bei der nächsten Situation nicht wiederholen.

Wie kann man eine Bewegung erlernen?

Die wichtigsten Voraussetzungen dafür sind bildliche, schriftliche oder akustische Informationen. In diesem Zusammenhang muss immer wieder betont werden: Sie lernen schneller, wenn Ihnen die Informationen durch einen Trainer, Freund oder Helfer mit Fachkenntnissen dargelegt werden. Sie erhalten dadurch eine bessere Vorstellung der Bewegung und können Fehler in der Ausführung vermeiden.
Folgende Informationen stehen Ihnen bzw. dem Trainer zur Verfügung:

Informationen	
visuell	**verbal**
1. Demonstration (Vormachen)	1. Beschreibung
2. Film (normal/Zeitlupe)	2. Erklärung
3. Videogerät	3. Anweisung
4. Bildreihe (fotografiert/gezeichnet)	**taktil**
5. Foto	1. Bewegungsführung
6. Zeichnung	2. Berührungshilfe

Wichtig:
Bei der Vermittlung von Informationen sollten diese genau, kurz und präzise sein.

Tipp:
Jeder sollte sich als »Informationsvermittler« zur Verfügung stellen. Jeder Tipp an Ihren Partner bringt Vorteile für diesen. Außerdem freut er sich darüber.
Und noch etwas: Loben Sie Ihren Partner!

Regelkunde

Entsprechend dem Badminton-Regelwerk des Deutschen Badminton-Verbandes (DBV) wird hier eine Kurzfassung der wichtigsten Regeln gegeben.

Spielfeld

Die Maße des Spielfeldes können aus der Grafik entnommen werden. In allen Angaben sind die entsprechenden begrenzenden Linienbreiten enthalten. Die Breite aller Linien beträgt 4 cm.

Pfosten und Netz

Die Netzpfosten sollen auf den Seitenlinien des Doppelfeldes aufgestellt sein. Die Netzhöhe beträgt 1,55 m; in der Netzmitte 1,524 m. Oberkante des Netzes ist eine 3,75 cm breite weiße Doppellasche.

Federball

Das Gewicht eines Federballes liegt zwischen 4,7 g und 5,5 g. Er hat 16 Federn, die in einem Korkfuß befestigt sind. Weitere Maße sind im Regelwerk des Deutschen Badminton-Verbandes festgelegt.

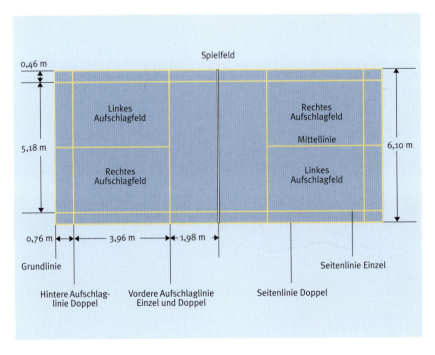

Spielbeginn

Zu Beginn eines Spiels entscheidet das Los, welcher Spieler die Wahl hat. Entweder
- den ersten Aufschlag auszuführen,
- oder den ersten Aufschlag nicht zu machen,
- oder die Seite zu wählen.

Der Verlierer des Loses wählt aus den verbleibenden Möglichkeiten. Im zweiten und dritten Satz eines Spiels hat die Partei als erste das Aufschlagrecht, die den vorhergegangenen Satz gewonnen hat.

Zählweise

Im Herreneinzel und Herrendoppel werden alle Sätze bis 15 Punkte, im Dameneinzel, Damendoppel und Gemischten Doppel bis 11 Punkte ausgetragen. Zum Gewinn eines Spiels sind zwei Gewinnsätze notwendig.

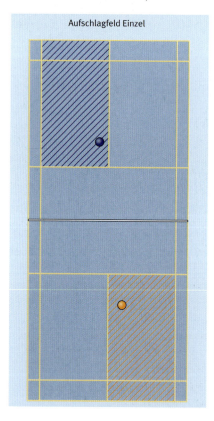

Aufschlagfeld Einzel

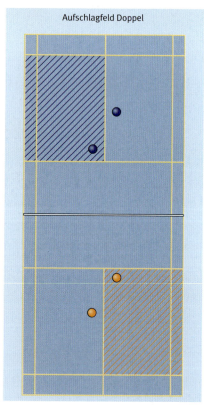

Aufschlagfeld Doppel

Regelkunde 125

Immer wieder ein großes Erlebnis: Turnieratmosphäre

Wichtig:
Nur die Partei, die das Aufschlagrecht hat, kann Punkte erzielen.

Einzelspiel

Der Aufschlag wird dem eigenen Punktestand entsprechend bei 0, 2, 4, 6 ... aus dem rechten Aufschlagfeld ausgeführt, bei eigener ungerader Punktezahl aus dem linken Aufschlagfeld.
Der Aufschlag muss immer in das diagonal gegenüberliegende Aufschlagfeld geschlagen werden.
Der annehmende Spieler muss in diesem Feld stehen.

Doppelspiel

Vor Satzbeginn entscheiden die Spieler jeder Partei, wer den ersten Aufschlag ausführt bzw. annimmt. Der Aufschlag erfolgt immer in das diagonal gegenüberliegende Aufschlagfeld.
Der Spieler einer Partei, der den Aufschlag ausführt, besitzt so lange das Aufschlagrecht, bis seine Partei einen Fehler begeht. Der Aufschlagende wechselt nach jedem Punktgewinn das Aufschlagfeld. Die annehmenden Spieler behalten das ihrem Punktestand gemäße Aufschlagfeld bei.

Wichtig:
Bei zwei aufeinander folgenden Aufschlägen darf niemals aus dem selben Aufschlagfeld geschlagen werden.
Ein annehmender Spieler nimmt niemals zwei aufeinander folgende Aufschläge an.
Verliert ein Spieler einer Partei sein Aufschlagrecht, so hat sein Partner das zweite Aufschlagrecht. Er führt den Aufschlag aus dem Feld aus, von dem der nächste Aufschlag seines Partners erfolgt wäre. Erst nachdem die aufschlagende Partei zwei Fehler begangen hat oder der Ball im Spiel innerhalb ihrer Spielfeldhälfte zu Boden fällt, wechselt das Aufschlagrecht zur anderen Partei.
Ausnahme: Bei Satzbeginn hat bei der aufschlagenden Partei nur ein Spieler das Aufschlagrecht.

Merke:
Bei Satzbeginn und nach jedem Aufschlagwechsel wird der folgende Aufschlag stets vom rechten Aufschlagfeld ausgeführt.
Also: Der bei Satzbeginn aufschlagende Spieler wechselt wie im Einzelspiel das Aufschlagfeld:
0, 2, 4, 6 ... rechtes Aufschlagfeld
1, 3, 5 ... linkes Aufschlagfeld.
Sein Partner verfährt in umgekehrter Folge.
Die annehmende Partei nimmt stets die Aufschlagfelder ein, die ihrem momentanen Punktestand entsprechen.

Setzen (Verlängern)

Kommt es in einem Satz des Herreneinzels oder Herrendoppels zum Spielstand 14:14, so hat die Partei das Recht, den Satz zu verlängern, die zuerst 14 Punkte erreicht.
▌ Wurde gesetzt, so ist der Satz bei erreichten 17 Punkten beendet.
▌ Im Dameneinzel, Damendoppel und Gemischten Doppel darf beim Spielstand von 10:10 gesetzt werden.
▌ Auch hier hat die Partei das Recht, den Satz zu verlängern, die zuerst 10 Punkte erreicht hat.
▌ Ein Satz endet dann bei 13 Punkten.

Wichtig:
Setzen darf nur beim ersten Punktegleichstand erfolgen.

Regelkunde

Fehler

- Ein Teil des Federballes befindet sich beim Aufschlag über der Taille des Aufschlägers.
- Beide Füße des Aufschlagenden oder Annehmenden stehen nicht innerhalb des Aufschlagfeldes.
- Der Schlägerkopf befindet sich beim Aufschlag nicht deutlich unter der Schlägerhand des Aufschlagenden.
- Der Federball fällt nach dem Aufschlag ohne Berührung des Gegners außerhalb des Aufschlagfeldes zu Boden.
- Der Federball landet außerhalb des Spielfeldes oder wird unter dem Netz durchgeschlagen.
- Ein Spieler berührt während des Spiels mit dem Körper den Ball oder das Netz.
- Ein Spieler berührt im Spiel mit seinem Schläger das Netz.
- Der Ball kommt beim Aufschlag gegen die Decke (Hallenhöhe über 9 m; sonst Wiederholung).
- Der Ball wird im Spiel gegen die Decke oder Gegenstände außerhalb des Spielfeldes geschlagen.
- Ein Spieler versucht, den Gegner zu täuschen oder zu behindern.
- Ein Spieler verzögert das Spiel in unerlaubter Weise.

Wiederholung

Eine Wiederholung **wird** gegeben:
- Der Aufschlagnehmende war noch nicht spielbereit.

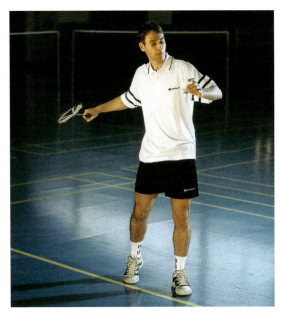

Konzentration beim Aufschlag

- Behinderung von außen.
- Beim Aufschlag machen Aufschläger und Rückschläger gleichzeitig einen Fehler.

Wiederholung **kann** gegeben werden:
- Unklare Entscheidung bei »Linienbällen«.
- Bei jedem unvorhergesehenen oder unbeabsichtigten Ereignis.

Allgemeines

Es ist kein Fehler, wenn der Ball während eines Ballwechsels oder beim Aufschlag das Netz berührt und trotzdem regelgerecht ins Spielfeld fällt. Begrenzungslinien gehören immer zum entsprechenden Feld.

Know-how für die Trainingspraxis

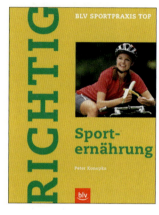

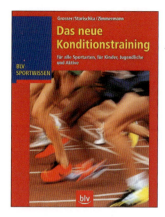

BLV Sportwissen
Fritz Zintl / Andrea Eisenhut
Ausdauertraining
Das Grundlagenbuch nach neuesten Erkenntnissen der Sportwissenschaft: Ausdauertraining in den verschiedenen Sportarten, Methodik und Steuerung des Trainings, Ausdauertraining im Kindes- und Jugendalter usw.

BLV Sportpraxis Top
Peter Scholl
Richtig Tennis
Wie Anfänger spielend lernen und Cracks sich Schlag auf Schlag verbessern: Ausrüstung, verschiedene Schlagtechniken, Einsatz von Technik und Taktik.

BLV Sportpraxis Top
Peter Konopka
Richtig Sporternährung
Speziell für Freizeit- und Gesundheitssportler: Grundlagen der Sporternährung und ihre Umsetzung in die Praxis, Leistungsförderung durch Ernährung, Wettkampfvorbereitung.

blv coach
Martin Sklorz
Squash: Schlagtechniken
Erfolgreiche Schlagtechniken für Einsteiger und Könner: Vor- und Rückhand, Boast, Volley, Stopp, Smash, Aufschlag; Trainingsformen beim Squash, effektive Taktiken.

BLV Sportwissen
Manfred Grosser u.a.
Das neue Konditionstraining
Kraft-, Schnelligkeits-, Ausdauer- und Gelenkigkeitstraining, allgemeine Prinzipien und Steuerung des Konditionstrainings, biologische Grundlagen, Trainingsmethoden und -programme, Kinder- und Jugendtraining.

BLV Sportpraxis Top
Dagmar Sternad
Richtig Stretching
Mehr Körperbewusstsein, bessere Atmung und Entspannung mit Stretching: Anatomie, Physiologie, Training, Übungen für alle Muskelgruppen.

Im BLV Verlag finden Sie Bücher zu den Themen: Garten und Zimmerpflanzen • Natur • Heimtiere • Jagd und Angeln • Pferde und Reiten • Sport und Fitness • Wandern und Alpinismus • Essen und Trinken

Ausführliche Informationen erhalten Sie bei:
**BLV Verlagsgesellschaft mbH • Postfach 40 03 20 • 80703 München
Tel. 089 / 127 05-0 • Fax 089 / 127 05-543 • http://www.blv.de**